당신, 크리스천 맞아?

당신, 크리스천 맞아?

이어령 지음

열림원

단 하나의 기적이 있다면,
그것은 영원한 삶을 믿는 것입니다.

1

나는 피조물이었다

* CBS라디오 〈장승철의 CBS 초대석〉, 2008년 1월 6일 방송

— 이어령 초대 문화부장관은 명실공히 우리나라를 대표하는 지식인이자 석학으로 학계와 문화계에서 열정적인 지적 활동에 헌신해오고 있습니다. 그런데 이런 분이 어느 날 기독교 교회에서 세례를 받았다는 소식이 전해지면서 많은 사람들에게 놀라움을 안겼습니다. 평소 비판적 지성으로 무장한 채 항상 자신은 무신론자라고 주장해왔기에 그 놀라움은 더욱 컸습니다. 그분은 왜 그렇게 오랫동안 지켜온 자신의 신념을 접고 하나님을 만나게 됐을까요? 그의 삶과 생각에는 과연 어떠한 변화들이 있었을까요? 오늘은 이런 질문들에 대답해줄 주인공을 모십니다.

선생님, 안녕하십니까. 아마 선생님의 이름을 모르는 분은 없을 터이고, 어떻게 지내시는지 궁금해하는 분들도 많을 것 같습니다. 어떻게 지내십니까?

"근황 묻는 사람이 제일 무서운데(웃음), 바삐 돌아다니긴 하지만 사실 아주 단조로운 생활을 하고 있습니다. 지난해에는 일본에 가서 강연을 많이 했고, 글 쓰고 말하는 것 말고는 단조롭게 살지요. 그렇지만 이 나이에 아직도 할 말이 있고 쓸 글이 있다는 것을 축복으로 생각하고 지냈습니다."

— 선생님 하면 전 문화부장관, 대표적인 지성, 글 많이 쓰는 작가, 이런 수식어들이 늘 따라다니는데, 하나같이 맞춤한 수식어라고 생각합니다. 선생님은 어떻게 느끼십니까?

"대표적인 지성이라는 말이 듣기엔 칭찬 같지만 사실 별로 좋은 얘기가 아니거든요. 애인이나 남편감을 고를 때 정말 대표적인 지성을 선택하시겠습니까? (웃음) 감성과 직관력이 있고, 인간성도 좋은 사람을 바라죠. 그런데 영성이 고갈되어버린 이런 시대에는 지성인 하면 '저 사람은 로봇이야. 저 사람은 컴퓨터야'라고 말하는 듯해서 악담으로 들리기도 합니다. 사실 가르치고 쓰고 강의하는, 소위 지식, 지성과 관련된 직업을 갖다보니 그런 말이 붙은 것 같아서 한편으로는 송구하고 또 한편으로는 섭섭할 때도 있습니다. 사실 자꾸 최고의 지성, 그러면 부끄러우면서도 화가 나기도 합니다."

— 그러시군요. 제가 감성과 영성이 없다는 지적을 한 건 물론 아니고요, 선생님을 상징하는 이미지가 지성인이다보니 그렇게 말씀드렸습니다. 요즘은 주로 어떤 글들을 쓰시는지요?

"자기가 좋아하는 일을 죽을 때까지 할 수 있는 것, 그게 가장 행복한 일인 듯합니다. 그게 어떤 일이든 말이죠. 그런 의미에서 저는 지금도 대학에서 강의하고 글을 쓰고 있어서 큰 축복이라고 생각합니다.

대학에서 40년 가까이 강의를 했는데 제 강의 노트를 보면 한국 지적 역사의 이정표라고 할 수 있어요. 스물여섯에 대학 강단에 섰고, 신문사 논설위원을 했습니다. 요즘에는 거의 상상할 수 없는 일이죠. 당시 한국 사회가 폐허였기 때문에 어느 면에서는 덕을 본 것이죠. 경쟁자도 별로 없었고요. 그래서 시작한 일이기 때문에 실존주의에서 출발해 구조주의, 후기 구조주의, 기호학, 이렇게 시대로부터 배우면서 동시에 가르쳤습니다. 제 노트를 보면 아, 이 시대에는 내가 이렇게 사고했구나, 이런 걸 가르쳤구나, 이때 학생들은 이런 강의를 들으면서 이런 영향을 받았겠구나, 생각하는데 이런 게 하나도 출간되진 않았어요. 이걸 남기고 싶어요. 제가 쓴 글이 대개 신문에 실은 글인데 한국에서는 너무 바빠 사느라 쓰고 싶은 글을 못 썼죠. 『축소지향의 일본인』『이어령의 보자기 인문학』은 일본에서 연구비를 받아서 쓴 글입니다.

사실 땅 많이 가진 사람들은 죽어도 사회적 손실이 별로 없어요. 땅은 두고 가니까요. 돈 많이 가진 사람 역시 죽으면 돈은 그냥 은행에 있잖아요. 하지만 머릿속 지식은 다르지요. 오늘 내가 세상을 떠나면 내일 할 수 있는 이야기, 내일 쓸 수 있는 글이 영원히 이 세상에서 사라지는 겁니다.

이걸 정리를 안 하고 두면 사오십 년 동안 대학에서 한일, 남들이 모르는 나, 그야말로 어떤 지적인 작업으로 젊은이들과 함께 기뻐하고 괴로워하고 즐거워했는지 알 수 없을뿐더러 제자들과 함께한 50년은 무효가 되는 거죠. 그래서 대학에 첫발을 디딘 이십 대부터 지금까지의 강의 노트들을 오늘의 입장에서 재정리하고 싶습니다. 이제는 지난 일을 결산해야겠다 생각합니다.

저는 지금까지 무신론자로 살아왔습니다. 창피한 얘기지만 저는 제가 피조물인 줄도 모르고 창조주 입장에서 살아온 거죠. 왜? 시를 짓고 소설을 쓰잖아요. 그러니까 창작가라고 하지 않습니까?

자신이 피조물인데도 작가나 지성인들이 오만한 이유는 자기가 무얼 만드는 줄 알아서입니다. 아마 그림 그리는 사람도 음악을 만드는 사람도 마찬가지일 거예요. 자기는 무언가 창조할 수 있다는 지적 오만 때문이지요. 지나온 지적인 삶을 결산하고 시간이 남으면 고해성사 하듯이 거듭난 어린아이처럼, 새롭게 보는 자연, 인간, 사랑을 소박하게 써나가고 싶습니다. 하나님께서 앞으로 몇 년 더 글을 쓰는 축복을 주시면 내 생각을 책으로 쓰고 싶어요.

시도 작년부터 썼는데, 「어느 무신론자의 기도」라는 시를 썼지요. 하나님을 믿지 않는 사람이 하나님을 믿게 되는 순간의 이야기죠. 너무 외롭고 자신이 작아 보일 때, 특히 새벽에 벌떡 깨어 일어나면 자연히 창가로 가게 되잖아요. 답답하니까. 릴케나 윤동주 같은 시인들에게서도 그런 심상이 나오지만, 문을 열고 밖을 보면 죄다 불이 꺼졌는데 몇몇 집에만 불이 켜져 있어요. '아, 누가 몸이 아픈가? 밤늦게 글을 쓰는 걸까?' 생각하게 되죠. 저쪽 집에서도 제 방의 불빛을 보고 비슷한 생각을 하겠지요. 밤 세 시경, 새벽 직전에 켜진 불빛들을 보면 마치 제단 같아서 무릎을 꿇게 돼요. 그런 때 「어느 무신론자의 기도」를 썼습니다. 신자들은 참 별난 소리라고 할지 모르지만 그런 절대 고독의 순간에는 정말 내 옆방에 누군가 있는 것 같아요. 무언가 스쳐가는 소리도 들리는 것 같고. 나는 혼자다, 삶은 찰나다, 내 힘이란 참 보잘것없다, 이런 것을 느낄 때 지척에 누군가 있는 듯해요. 그게 저한테는 예수님께서 인간의 몸으로 우리 곁에 왔던 역사적 증거인데, 나는 하나님을, 부활을 믿지 않으니까 여기서 끝인 거죠. 바로 절망이죠.

　「어느 무신론자의 기도」를 쓰고 정말 괴로워하면 기침 소리라도 들려야 할 텐데 전혀 응답이 없었습니다. 어둠과 창 너머에 잠들지 않는 몇 개의 등불들, 이런 것들은 제가 교토의 작은 방에서 혼자 지내면서 글을 쓸 때의 모습이

기도 합니다. 이런 실존이 다시 시작하는 시를 쓰게 했고 세례를 받게 했지요. 내가 신앙 얘기를 되도록 안 하려고 하는 이유는, 위선으로 흐르기 쉽고 내가 믿는 것 이상의 얘기를 하게 되기 때문입니다. 그래서 지금도 '정말 믿냐? 정말로 크리스천이냐?' 물으면 상당히 당황스럽습니다. 세례까지 받았는데 아니라고 할 수 없잖아요.

사실은 자다가도 몇백 번씩 얘기를 하거든요. '아니다'라고요. 사도 바울도 그랬습니다. '매일 죽고 매일 태어난다'라고. 하나님의 메시지를 인간에게 훌륭히 전한, 그렇게 위대한 바울도 그랬는데 제가 세례 한번 받았다고 금세 착실한 기독교인이라고 말할 수는 없는 것이죠."

— 앞서 세례를 받고 믿음의 길에 들어서기까지의 과정을 말씀해주셨습니다. 그렇게 된 계기가 있지 않을까 싶은데 그 말씀을 듣고 싶습니다.

"어떤 외국 학자는 잠언을 인용해, 발이 아니라 마음이 움직여 우리가 건너는 것이라고 말했습니다. 그러니까 드러난 원인을 얘기하는 건 내 발을 보는 거나 마찬가지죠. 아마 태어날 때부터 세례에 이르는 마음의 과정이 있었던 듯해요.

언젠가 세례받기 전 어느 교회에서 이런 강연을 했습니다. 여러분께서 믿는 초월적인 영성의 세계나 하나님 아버지의 나라를 나는 체험해본 적도 생각해본 적도 없습니다. 그런데 어린 시절, 여섯 살 때쯤의 기억이 납니다. 햇빛이 쨍한 대낮에 시골길을 걸어가는데 갑자기 주르륵 눈물을 흘렸거든요. 그 어린애가 무슨 슬픔이, 무슨 철학적인 생각이 있었을까요. 우리 집안은 형제도 많고 가난하지도 않아서 딱히 부족할 게 없는 처지였는데, 아무도 없는 길 한복판에서 대낮에 왜 눈물을 흘렸는지, 아직도 그게 생생히 기억되거든요.

가만히 보세요. 생명이 있는 것들, 말을 한번 보세요. 왠지 슬퍼 보여요. 생명을 가지고 있긴 하지만 언젠가 사라지는 것들에 대한 슬픔, 여섯 살 때의 그 느낌, 그게 영성인지도 몰라요. 그 어린 나이에 왜 죽음을 느꼈겠어요.

그게 나한테 온 겁니다. 교회가 뭔지, 하나님이 뭔지, 목사님이 뭔지 모를 시절인데, 대체 그 눈물의 의미가 무엇인가? 그게 글을 쓰고 사색하는 나를 만들었습니다. 사람들이 정치, 권력, 돈을 좇을 때 나는 그게 모두 무가치하다고 생각했어요. 문화부장관을 하라고 할 때도 두 번이나 거절을 했거든요. '이건 정치와 무관한 순수 문화부이고 주춧돌을 놓는 것이다. 정말 문화를 사랑하려면 초석은 놓아야 될 것 아닌가.' 그런 얘길 하는데도 '일본에 가서 연구 생활을 마쳐야 한다. 약속은 지켜야 하지 않는가' 이렇게 얘기하면서 거듭거듭 거절했지요. 그런 상황에서 KBS 녹화를 하고 있는데 텔레비전으로 제가 포함된 내각 명단이 나간 거예요. 저는 전혀 몰랐죠. 집에 가서 보니 방송국 기자들이 다 와 있었어요.

그때 내가 당황해서 목수 얘길 했습니다. 당시 문화부가 처음 만들어진 것을 염두에 둔 말이었지요. 나는 문화부장관이 아니다. 문화부에 집을 지으러 온 목수다. 집 지어놓고 제가 사는 목수 봤냐. 떠나지. 그러니까 다음에 오는 사람이 진짜 장관이고 나는 네 기둥만 세워놓고 떠난다. 한국예술종합학교가 마지막 기둥인데 그 네 기둥을 다 세워놓고 나왔습니다. 얘기가 엉뚱하게 흘렀는데 나는 권력, 돈, 세속의 가치는 생각하지도 않고 늘 창조적인 작업 속에서 즐거움을 느꼈습니다. 그 여름 대낮에 충격처럼 벼락처럼 나에게 엄습한 것이 혹시 영성이었다면 나는 그때 세례를 받은 게 아니었을까요? '우리 인간이 별 게 아니다, 나는 피조물이고 내 삶은 껍데기다'라는 인식, 작은 죽음의 체험인 거죠. 그 후 참 먼 길을 걸어 여기까지 왔습니다. 그럼 왜 칠십이 훨씬 넘어 이제야 여기에 왔느냐?

　하나님처럼 사람을 잘 쓰시는 분이 없습니다. 나 같은 사람은 그냥은 쓸모가 없다. 그러니까 평생 돌아다니다가 뒤늦게 깨달은 것을 얘기하면 믿지 않는 사람의 마음이 달라질 것도 같다. 그러니까 너는 좀 늦게 써먹자 하는. (웃음) 『구운몽』이 바로 그런 얘기죠. 불교가 뭡니까? 정적주의靜寂主義 아니겠어요? 그래서 저항하니까 그럼 네가 믿는 대로 한번 살아봐라, 그래서 유교적인 삶을 살거든요. 그러다 마지막에 아, 역시 유교로는 안 되겠다, 하고 회심을 합니다. 그처럼 너 한번 네가 옳다는 삶을 최고로 한번 살아봐라. 그래서 세속적인 삶을 살았고 극적인 반전이랄까요, 이런 삶을 통해 새 삶을 전하는 계기가 된 것 같습니다.

　적절한 비유인지 모르겠지만 파우스트가 그랬잖아요. 나는 수많은 책을 읽었다, 수많은 체험을 했다, 그런데 여기 있는 나는 허깨비에 불과하다. 그때 악마가 나타나 내기를 제안합니다. 네가 원하는 최고의 삶에 있을 때 '순간이여, 멈춰라' 그렇게만 외쳐. 그러한 매력적인 삶을 너한테 보여주겠다. 대신 네 영혼을 다오. 그래서 악마가 데리고 다니면서 별 걸 다 체험하지 않습니까? 심지어 인조 인간을 만들어서 허리에 넣고 다니기까지 하죠.

사실 서양에서도 지적인 사람들은 막바지에 책을 불사릅니다. 진시황처럼 정치적 목적으로 인위적으로 불태우는 게 아니라, 앙드레 지드의 『사전꾼들』에도 나오는 것처럼 자기가 믿었던 책을 불살라 지식에서 기억에서 벗어나려 하지요. 이런 테마들은 아주 많아요. E. M. 포스터가 쓴 소설이 있는데, 박사 학위논문을 쓰려고 어마어마한 자료를 가지고 시골의 장원으로 가게 된 청년이 마중 나온 옛날 어린 시절의 친구를 만나요. 그곳의 별장지기였던 거지요. 마차를 타고 가는데 큰 협곡을 지나다가 그만 마차가 갑자기 기우뚱 기우는 바람에 논문을 쓰려고 준비한 엄청난 자료들이 골짜기로 떨어져버립니다. 겨우 책 몇 권을 구하죠.

절망한 그에게 옛 친구가 시골에서 지내는 자신의 삶에 대하여 이야기를 하게 되고 그것을 들은 그 청년은 책 속에서만 살았던 자신의 생을 돌아다보게 됩니다. 배운 것은 없어도 육체노동을 하며 자연 속에서 흙, 바람, 나무……이런 시골에 묻혀 사는 것이 뒤떨어진 삶인 줄만 알았던 그에게 충격을 주었던 거지요.

지식인들이 마지막에 생각의 상자나 지식의 상자에서

벗어나는 순간, 마지막에 지식을 버리는 단계에 이르러야 그의 삶을 판단할 수 있는데, 저는 거기에도 못 미친 도중에 책이 별 거 아니라는 사실을 깨달은 것이죠. 그런 걸 이제야 알았나 싶어 창피하기도 합니다. 그런데 아는 것과 절실하게 느끼고 깨닫는 것은 하늘과 땅 차이예요.

남이 들을 때는 '아이고, 평생 살고 이제야 알았어?' 하고 말할 수도 있지만 그야말로 몸으로 체득하는 것과는 차원이 다르죠. 만두를 먹을 때 피 따로 먹고 소 따로 먹지 않잖아요? 통째로 먹죠. 그런데 지식은 만두피 벗겨 먹고 소 먹고, 하나하나 분석해서 먹는 거예요. 그러니까 그 맛을 모르죠. 삶의 맛을 모르죠. 만두피 맛이거나 만두 속 다진 양념 맛이지, 진짜 만두 맛은 아니거든요. 삶이란 혼합되어 있는 만두 같은 것이어서 통째로 씹어야 맛을 알 수 있는 것입니다."

— 예, 알겠습니다. 이렇게 여섯 살에 영성 체험을 한 후에 인생 칠십이 넘어서 세례라는 기독교 의식을 통해 크리스천이 되셨습니다.

"보통 우리의 일상 체험으로는 설명하기 어려운 것에

봉착했을 때 사람들은 흔들립니다. 그게 세속적인 성취든, 로또 복권 당첨이든요. '어떻게 내가 이걸 뽑을 수 있었을까, 어떻게 이렇게 변했을까.' 그게 우연히 오는 거죠. 나는 독실한 신자인 딸을 보고 사실 질투가 났습니다. 피가 뚝뚝 통하고 널 낳아주고 키워준 아버지가 있는데 그 아버지보다 좋은 아버지가 있다니, 하는 심정이었죠. 나보다 귀한 진짜 아버지, 말로 표현할 수 없는 존재, 육친이 줄 수 없는 것을 줄 수 있는 저항할 수 없는 존재 앞에 서면 무릎을 꿇을 수밖에 없지요. 이게 세례의 의미입니다. 신앙이 아닌 다른 얘기에 대해서라면 나는 내가 가진 지식으로 자신 있게 말합니다. 하지만 신앙의 대상은 지식으로 알 수 있는 것이 아닙니다.

신앙 앞에서는 지식도, 지위도, 돈도, 아무런 의미도 없고 모두 평등하지요. 나에게 문학을, 세계정세를, 문명을 얘기하라고 하면 진짜 잘난 체하죠. 하지만 신앙에 대해서라면 내가 지금껏 쌓아온 지식은 의미가 없습니다. 어떻게 해서 세례를 받게 됐느냐는 질문에 답하긴 매우 어렵지만 굳이 말하자면 혈육인 딸의 신앙 체험, 그리고 어린 시절 까닭 없이 엄습했던 슬픔과 눈물이 연결된 게 아닐까 합니다. 돈과 권력을 따르지 않고 일상적인 것을 초월한 가치를 추구해 글을 쓰고 말하고 살아온 삶 자체가 신앙의 문지방에 서 있었던 게 아닌가, 그렇게 정리할 수 있겠죠."

— 저희가 큰 궁금증 하나를 푼 것 같습니다. 지금까지 어떻게 해서 인생의 황혼기에 주님을 영접하게 됐는지 그간의 말씀을 들었는데, 이제는 주님을 영접하신 이후의 삶과 그 이전의 삶이 어떻게 다른지 그 말씀을 좀 들었으면 좋겠습니다. 주 하나님 지으신 그 모든 세계가 아름다움을 느끼고 사시는 것 아닐까 싶습니다. 어떤 차이를 느끼시는지 소개해주시죠.

"미국에서는 주에 따라 학교에서 다윈의 진화론을 가르치는 건 고사하고 다윈이라는 말만 해도 징계를 받기도 합니다. 원리주의 기독교에서는 다윈, 진화론이라는 말 자체가 하나님을 모독하는 것이지요. 우리의 경우 미션스쿨이라고 해도 진화론을 안 가르치는 학교가 있습니까? 미국에서는 지금도 진화론을 가지고 싸우지만, 나는 다윈의 진화론이나 무신론도 신앙으로 설명이 되리라고 봅니다. 왜 진화론을 부정합니까? 이 지구에 최초 생명체가 아무 목적 없이 거저 떨어졌겠어요? 그리고 어떻게 그걸 진화론으로만 설명을 하겠습니까? 예를 들어볼까요. 고양이가 쥐를 잡아먹는데 밤눈이 밝지 않으면 쥐를 잡을 수 없죠. 그런데 그런 성분은 쥐한테 있거든요. 쥐를 잡아먹음으로써 그런 능력이 생기는 것입니다.

그걸 생존경쟁으로 보고, '세상에 하나님이 계신데 고양이가 쥐를 잡아먹게 만들어?' 이렇게 말하는 사람도 있습니다. 하지만 조금만 생각해보면 고양이가 없으면 쥐도 죽을 수밖에 없습니다. 쥐들이 무지막지하게 번식하는데 이걸 솎아주지 않으면 저희들끼리 잡아먹습니다. 그게 크게 보면 우주의 질서입니다. 기린은 높은 가지에 있는 먹이를 따 먹는 과정에서 목이 길어졌다고 하는데 그럼 목이 길어지기 전에는 뭘 먹고 살았나요? 즉 진화론이란 자연현상을 부분적으로 설명한 데 불과해서 본질은 얘기하지 않습니다. 그래서 과학자는 질문에 답을 하고 과정을 설명하죠. 그런데 그게 무엇이냐, 왜 그렇게 됐냐, 무엇을 위해서냐, 라고 물으면 입을 다물죠.

가령 소금을 한번 보세요. 너희들은 지상의 소금이니, 할 때 그 소금이 'NaCl'이라고 배웠거든요. 분해하면 나트륨하고 염소예요. 그걸 따로따로 먹으면 죽습니다. 이렇게 인간을 죽일 수도 있는 것이 결합하면 왜 더없이 소중한 게 될까요? 이 요소와 이 요소가 합쳐지면 소금이 된다고 말할 수는 있는데, 더 나아가면 대답을 못 합니다. 그러니까 과학적 사실과 존재의 진실은 전혀 다른 세계에 속해 있다, 과학자 얘기가 틀렸다는 게 아니라 그건 존재에 대한 부분적인 설명이지 전체 속에서 생명의 질서를 말하는 게 아니라는 것이죠. 컴퓨터도 마찬가지입니다. 컴퓨터는 인간보다 훨씬 더 빠르게 계산을 하지만 절대로 창조할 수는 없습니다. 그런데 사람은 계산하는 자신을 인식하거든요. 이 메타의 세계가 종교의 세계이고 그 밑에 현상들이 있습니다.

사전에는 집이라는 표제어 다음에 설명이 있지 않습니까? 집은 언어고 그걸 설명해주는 것이 메타언어입니다. 그처럼 여기서 살고 있는 존재를 설명해주는 존재, 그게 메타존재입니다. 그것을 체험이라고도 하고, 영성이라고도 하고, 믿음의 세계라고도 하는데, 그것을 증폭시키면 신이라는 존재에 이릅니다.

인간의 뇌 속에는 '쿠오리아'라는, 나의 감성이나 미적인 느낌을 컨트롤하는 별개의 존재가 있다고 하지요. 뇌과학자들은 그것을 뇌 속의 신이라고 합니다. 쿠오리아는 물질도 아니고 정신도 아니에요. 뇌를 컨트롤하는 총사령

관이죠. 지금 이것에 대한 연구가 많이 진행되고 있다고 합니다. 이렇게 따지고 보면 나 속에 많은 나가 있어서 무엇이 실존하는 나인지도 알 수 없지요.

저 역시 이십 대 때 실존주의 철학, 사르트르, 카뮈 등에 탐닉했습니다. 키르케고르 같은 유신론적 실존주의도 공부했고 감명을 받았는데, 이제 내가 신자가 된다고 했을 때 달라진 것은 아무것도 없습니다. 단지 차원이 달라진 것이지요. 내가 해온 것을 바라볼 줄 아는 또 하나의 시선이 생긴 것입니다. 내 언어를 설명할 수 있는 또 하나의 언어가 생긴 거죠. 그것이 바이블의 언어들이죠. 그 메타언어를 일반언어로 읽으면 무슨 소리인지 전혀 감이 잡히지 않는데, 그 메타언어를 알면 사전을 보는 것과 같아요. 집이 뭔지 모르는 상태에서 집을 풀이한 말을 보면 아, 이게 집이었구나, 하고 알듯이 신을 나의 존재의 메타언어로 보면 깨달음이 오는 것이지요.

그게 바로 성경의 세계고 믿음의 세계인데, 교회에서는 보통 그 프로세스로 얘기를 안 하고 자기 결론을 자꾸 얘기하니까 세속적인 일반 사람들과 점점 갭이 생기는 것입니다. 저처럼 안 믿던 사람이 믿으면 프로세스의 간격을 설명해줄 수가 있어요. 그런데 목사님들은 세속적인 가치

속에서 사는 사람과는 다르거든요. 그런 분들의 얘기와 믿는 사람들의 얘기가 뭐가 다른가. 그건 학생과 선생의 차이라고 할 수 있습니다. 선생 말은 안 들어도 학생들 중에서 잘나 보이는 애들 말은 듣거든요. 그런 애들이 남자다워 보이고 선생님이 말하는 세계와는 다른 무엇이 있어 보이잖아요. 그런 애가 어느 날 '야, 선생님 말 들어!' 하면 선생님보다 더 무섭거든요. 그러면 다들 선생님 말을 듣죠. 그런 간극 속에 내가 있는 게 아닌가, 이게 내 역할이 아닌가. 그렇게 본다면 당분간은 문지방을 넘어가지 말고 그냥 서 있는 게 좋을 것 같아요. (웃음) 그래서 목사님께 '내가 교회 나가는 걸로 평가하지 마십시오. 나는 평생 말하고 글 쓰는 것을 배웠으니 그걸로 내 신앙을 표현할 수밖에 없습니다. 교회를 몇 번 출석하느냐, 새벽기도에 몇 번 나오느냐를 기대하지 마십시오. 그건 나보다는 다른 사람이 더 잘합니다' 그런 얘기를 했더니 막 웃으시면서 교회 안 나와도 용서를 해주실 것처럼 얘기를 하셨지만 어쨌든 열심히 나가야죠."

― 무엇보다 우리 사회에 함께 생각할 주제, 화두를 많이 던져주셨습니다. 이제 새해를 맞았습니다. 올 한 해 우

리가 함께 추구해나가야 할 가치는 무엇일까요.

　"하늘 아래 새로운 것이 없나니, 성서에 이렇게 쓰여 있고, 헛되고 헛되니 또한 헛되도다, 이렇게도 쓰여 있습니다. 솔로몬의 고백입니다. 저는 그런 구절을 좋아했었습니다. 시편도 즐겨 읽었고요. 새해가 되면 누구나 한 가지씩 약속을 하게 됩니다. 자기와의 약속이죠. 올해는 이렇게 살아야겠다라고요. 사실 시간에는 매듭이 없습니다. 전문용어로 컨티뉴엄continuum, 연속체라고 합니다. 그런데 사람들은 시간을 나누고 매듭을 짓곤 하지요. 24시간을 네 토막 내서 새벽, 아침, 점심, 밤 이렇게 나누듯이 예수님 탄생을 기점으로 서기라고 씁니다. 기독교적 세계관이죠. 내가 세례받기 전과 후를 생각해보면 거기엔 단절이라는 개념도 있지만 연속성도 있습니다. 물이 흘러가는 것처럼 연속성 안에서도 질적 변화를 일으키는 차원이 있습니다. 그래서 창조라는 것을 생각해보고 싶습니다.

　하나님이 세상을 창조하셨고 하나님의 형상을 본떠 인간을 만들었습니다. 우리 역시 하나님을 닮아서 무언가를 만드는데, 이건 제조라고 합니다. 그런데 사람들이 잊어버리고 있는 게 있습니다. 하나님께서 천지를 창조하시고 나서 피조물들을 보고 심히 아름답다, 흡족하다고 한 것입니다.

참 좋았더라, 참 좋다. 즐거움, 기쁨, 그것이 생명 창조의 기본입니다. 왜 창조하느냐? 즐겁기 때문입니다. 왜 시를 쓸까요? 즐겁기 때문이지요. 그림을 왜 그릴까요? 즐겁기 때문입니다. 그런데 사실 도박을 하고 술을 먹어도 즐겁죠. 그러면 그게 진정한 즐거움일까요? 술, 깨고 나면 전혀 즐겁지 않죠. 도박, 잃고 나면 조금도 즐겁지 않아요. 창조 속에서만 진정한 즐거움을 맛볼 수 있는데 사람들은 기쁨이 없는 생산, 즐거움이 없는 생산을 주어진 삶 속에서 되풀이하고 있습니다. 참된 창조란 굶어가면서도 기쁨에 겨워하는 것입니다. 그래서 창조의 모티프가 오늘의 화두가 될 것입니다.

저는 독선적인 기독교인을 싫어했을 뿐입니다. 멀쩡한 사람보고 악마라고 손가락질하고, 나는 믿는데 너는 안 믿는 사람이라고 단죄해버리거든요. 아흔아홉 마리 양을 버려두고 잃어버린 한 마리를 찾아다니는 것이 크리스천인데 말이죠. 얼마나 독선적인 시각입니까. '독獨' 자와 어울려 아름다운 것은 독창성뿐입니다. (웃음) 우리 삶의 패러다임을 창조적으로 바꾸면, 창조적인 남편, 창조적인 아들이 되면, 매일매일 새로운 해가 뜰 것입니다. 하늘 아래 새로운 것은 없지만, 매일매일 태양을 보는 사람의 마음은 하루하루 창조되어가는 것입니다. 쓰레기통에 내버린 라면 봉지도 새로운 마음으로 보면 아침 햇살 아래 보석처럼 빛납니다. 사실 솟아오르는 아침 해보다 장엄하고 드라마틱한 게 있나요? 타오르는 태양이 동쪽에서 떠오르면 천지창조 첫째 날처럼 구름장 뚫고 빛이 가득한데 그 이상의 드라마가 어디 있겠습니까. 그런데 저건 어제 뜬 해고 내일도 또 뜰 거야, 그러면 신기할 게 없겠죠. 하지만 내일 죽을 사람이 마지막으로 해를 본다고 해보세요. 얼마나 찬란하고 아름다울까요. 그래서 역설적으로, 죽음을 느끼지 않는 삶은 허깨비 삶이라고 생각합니다. 다시는 이 순간이 오지 않는다, 시간은 한 번밖에 주어지지 않는다, 그 한 번뿐인 시간이 지금이다, 라고 생각하면 누가 적당히 살겠습니까. 온몸으로 투신할 것입니다.

이러한 절체절명의 생각으로 하루하루를 살면 성스럽고 순결하게 살리라고 봅니다. 태양이 새롭게 떠오르는 이 길을 두 번 다시 걸을 수 있을까? 그런 마음으로 한번 걸어보세요. 풀 한 포기, 흙 한 줌, 벌레 한 마리도 얼마나 아름답고 눈물겹겠어요? 글을 쓸 때도 두 번 다시 같은 글을 못 씁니다. 워드를 치다 전기가 나가면 그냥 날아가잖아요. 백업도 안 해놓은 상태에서 다시 쓰잖아요. 먼저 쓴 글 똑같이 안 나와요. 그러면 그 잊어버린 글에 너무나 애착을 갖게 됩니다. '아, 기막힌 표현이었는데, 이걸 아까워서 어쩌지?' 하면서요. 하지만 다시는 못 찾습니다. 우리는 저장되지 않는 파일, 그냥 날아가버리는 그 삶을 사는 것입니다. 이게 파일로 보관되면 억울하지 않겠지요. 하지만 이 순간이 지나가면 십 분의 일, 백 분의 일도 기억하지 못합니다.

옛 친구를 만나면 나를 엉뚱하게 기억하는 경우가 있습니다. 저렇게 잘못된 기억이 박혀 있으니 얘한테 나는 이런 의미로밖에 남아 있지 않겠구나 싶죠. 그런데 이 친구는 자꾸 딴 사람과 나를 혼동하는 거예요. 그때 내가 자네한테 이런 말을 했는데 말이야, 꼭 용서를 빌려고 했는데 그러지 못했다, 이런 식인데, 하지만 그건 내 얘기가 아니거든요. 그 친구가 민망해할까봐 얘긴 못 하지만 인간의 기억이라는 게 이렇다면 친구의 기억 속에서는 내가 아닌 내가 나가 되잖아요?

우리는 그렇게 허망한 과거에 얹혀서 사는 것이죠. 과감하게 옛것과 단절하면서 한순간 한순간 최선의 삶을 사는 것, 1초를 살아도 허투루 살지 않는 것, 그건 신앙인만이 아니라 보통 사람에게도 매우 중요한 자세라고 생각합니다. 그렇게 산 사람은 아마 빙그레 웃으며 죽을 거예요. 그래 태어나서 좋았어, 인생은 참 살 만한 가치가 있어, 하고요. 그런 사람일수록 지켜보는 사람들은 통곡을 하고 울겠지요. 그렇게 빙그레 웃으며 떠날 정도로 충실하게 산 사람이라면 남은 사람이 얼마나 아쉬워하겠습니까? 그런데 온갖 미련과 욕망이 남아 안 죽겠다고 발버둥 치고 살려 달라고 하면 남은 사람들이 어떻게 받아들일까요. 이 세상을 떠날 때 내가 웃으면 남은 사람은 울어주고 내가 울면 남은 이들은 웃는 거예요. 빙그레 웃으며 떠나는 것, 그게 참되고 아름답고 즐거운 삶이고 창조적인 삶입니다. 하루하루를 창조해라. 그것이 제가 이웃들에게 줄 수 있는 메시지가 아닐까 합니다. 물론 나를 포함해서요."

— 그게 바로 창조의 영성 아니겠습니까? 창조의 첫날, 그날의 아름다움, 새로움을 늘 지니고 살았으면 좋겠다는 바람이시지요. 참 따뜻하고 아름다운 말씀이 아닐 수 없습니다. 새로이 크리스천이 되셔서 매일매일 기쁘고 즐거운 삶을 살고 계신데 청취자들께 들려주고 싶은 말씀이 있을 듯합니다.

"저는 사실 평생 남한테 감사한 적이 별로 없었습니다. 물론 부모님과 아내에게 감사하는 마음은 있지요. 세속적인 의미에서요. 누구든 선물을 받으면 감사하듯이요. 그런데 우리가 감사하는 삶을 살지 못하는 건 실제로는 받았으면서도 받지 않았다고 생각하기 때문입니다. 예를 들자면 생명이 그렇지요. 금이 아무리 값비싼들 생명만 하겠어요? 죽은 뒤에 다이아몬드를 준들 어디에 쓰겠습니까? 세상에서 가장 소중한 생명, 그 생명을 준 분이 누구입니까? 우선 아버지 어머니를 떠올릴 수 있지만 부모님께 생명을 준 존재는 누구입니까? 이 생명의 근원에 무엇이 있나요? 이 생명의 근원이 있었기에 우리가 기쁨을 느끼고 빛을 볼 수도 있는 것입니다.

이 세상에 앞을 못 보는 사람들이 많이 있습니다. 그걸 객관적으로 아는 것과 내 피붙이가 점점 시력을 상실해가는 것을 보는 마음은 하늘과 땅 차이입니다. 사랑스러운 내 딸이 다시는 내 얼굴을 보지 못한다고 생각해보세요. 이 세상에 태어나서 어머니 품에 안겨 나를 행복하게 바라보던 그를 앞으로 볼 수 없다는 게 말이 되느냐? 그런데 빛을 보는 건 생명의 값어치에 비하면 만 분의 일도 안 되는 거잖아요. 아직도 그 빛과 생명에 감사할 줄 모르는 사람이 많은 것 같습니다. 아, 내가 아직도 살아 있어서 저걸 보는구나, 이 사람이 살아 있어서 내 손을 만지는구나, 이 생명의 기쁨을 느꼈을 때, 그 사랑하는 사람의 손목을 잡았을 때, 우리 생명을 주신 분에게 감사를 드리는 거죠.

나는 교회 가서 우는 사람들, 할렐루야 하고 우는 사람들을 한심하게 생각했습니다. 사람은 슬퍼서 눈물을 흘리는 건데 도대체 왜 우느냐는 것이죠. 그런데 지금은 알겠어요. 그 사람들이 왜 눈물을 흘리는지. 이런 생명을 주셔서 감사합니다, 이렇게 고백하는 거죠. 하지만 원죄로 인해 이 생명을 잃을 수밖에 없습니다. 그러니 죄를 사하여주소서. 생명의 아름다움과 충만한 기쁨을 주신 하나님의 은총이 영원하게 하옵소서. 이런 이야기죠.

그러니까 인간이 부활을 하고 생명을 다시 찾는다는 것은 생명을 주신 하나님의 영원성을 믿어야 하는 것이지요. 하나님이 영원해도 내가 영원하지 않으면 사람은 그걸 알수도 없고 감사드리지도 않아요. 하나님이 진정 영원한 존재라면 내가 영원함을 느껴야 되는데 내가 유한한 경우에는 하나님도 유한할 수밖에 없어요. 나의 죽음과 함께 하나님도 없어지는 거예요. 그러니까 영원한 하나님과 함께 이 생명을 같이하는 것이 바로 영생이죠. 무릎 꿇고서, '오늘 내 생명을 느낄 수 있고, 볼 수 있고, 오늘 하루를 충만하게 살았습니다. 하지만 이 삶이 영원하지 않다는 것을 알기에 불안합니다. 그러니 나의 죄를 멸하게 하소서. 그래서 부활을 믿게 하소서. 당신께서 그렇게 부활하신 것처럼, 나를 대신해서 우리의 죄를 대신해서 부활하신 것처럼 지금 이 삶이 끝이 아니라는 것을 증명해주소서' 하는 게 바로 감사인 것입니다.

사랑하는 사람을 두고 죽는다고 생각해보십시오. 얼마나 안타깝습니까. 그렇다면 하나님이란 존재는 아무런 의미도 없어요. 그래서 내가 예수를 안 믿었거든요. 우리가 이렇게 사랑하는데, 이렇게 살고 싶어 하는데 나를 사랑해서 붙들려 하는 사람에게 눈물을 흘리게 하고 이렇게 원통하게 떠나게 하십니까? 당신은 눈물이 없으십니까? 이게 마지막이라면 이렇게 말할 수밖에 없죠. 하지만 이게 마지막이 아니고 영생을 약속하셨다면 그렇지 않죠. 죄지은 사람들은 슬픔으로 끝을 맺지만 그 죄가 멸해지면 영원한 삶과 사랑을 누릴 수가 있다. 그 순간 이 세상의 모든 걸 바쳐서 감사하는 거죠.

'우리가 일용할 양식을 주옵시고……' 이렇게 기도하잖아요. 저는 그때마다 '이게 영어 원문으로는 일용할 양식이 아니고 데일리 브레드daily bread다. 데일리 브레드는 우리하고 다르다. 우린 밥이고 거긴 빵이다. 그런데 딴 데서는 데일리 브레드 하면 떡이라고 번역하고 여긴 양식이라고 번역했어?' 요런 생각만 자꾸 하니까 주기도문이 외워지겠어요? '사하여주시는, 요건 한자야. 한자. 용서하신 것처럼 사하여주옵시고, 이건 또 뭐야.' 이러니 감사기도가 아니라 분석기도를 드리는 겁니다. 그걸 없애려는데 안 없어져요.

또 '대개 나라와 권세와……' 이런 말이 나오잖아요? '대개'라는 건 우리나라 말로 '대체로'라는 뜻인데, 전부는 아니고 팔구십 퍼센트를 가리키죠. 백 퍼센트가 아니라는 얘기인데, '그럼 나머지 일이십 퍼센트는 딴 데 있어? 왜 이게 대개야? 모든 권세와 영광이 하나님 아버지께 있습니다, 이렇게 얘기를 해야 되는데, 대개 나라와 권세가 뭐냐? 그걸 차라리 모든 이라고 고쳐라. 모든 권세가 해야 실감이 나지……' 참 터무니없는 투정이지요.

지식은 생명이 아니에요. 그러니까 생존하다가 삶을 잃어버렸고, 지식 때문에 지혜를 잃어버렸고, 정보 때문에 지식을 잃어버린 세대가 우리예요. 그러니까 생명을 갖고 사는 게 아니라 정보를 갖고 사는 거예요. 이제 생명 단계까지 올라가야죠. 정보에서 지식으로, 지식에서 슬기로, 슬기에서 생존으로, 생존에서 생명으로. 우리는 교회에서까지 자꾸 정보를 구하지 생명을 구하지 않습니다. 정보를 구하는 게 아니라 생명을 구하러 교회에 가는 사람은 나날이 드물어지고 있는 것, 그것이 오늘 우리의 고해입니다."

— 세상의 모든 지식 중에서도 예수 그리스도를 아는 지식이 가장 고상한 지식이라고 생각합니다. 한국 지성의 상징인 선생님을 만나면서 얻은 결론인데, 이 말에 동의하십니까?

"물론입니다."

— 생명, 공기, 물, 세상의 가장 귀한 것은 다 공짜입니다. 거기에 감사할 때 참된 삶을 살 수 있다는 그 말씀이 우리 가슴을 뜨겁게 달구는 듯합니다. 주님께서 선생님을 삶의 막바지에 부르신 뜻이 있는 만큼, 앞으로 쓰시는 과정도 분명 아름답고 복되리라고 믿고 감사를 드립니다. 올한 해 드리는 모든 기도가 이루어지기를 기원합니다.

"예. 감사합니다."

2

어느 무신론자의 기도

* 명성교회 간증, 2008년 12월 14일

세례를 받고 난 뒤 한동안 침묵을 했습니다. 음표와 음표 사이의 고요함, 나의 믿음에는 그런 고요함이 필요했던 것입니다. 다만 온누리교회를 비롯하여 몇몇 교회의 초청으로 간증과 강연회를 했지요. '교토'에서 찾고 '하와이'에서 만나고 '한국'에서 행한 것입니다.

내가 무엇을 했는지 어떤 강연이나 간증을 했는지, 어느 교우께서 내 간증 내용을 듣고 그것을 정리해서 블로그에 올린 글이 있기에 그것을 그대로 소개하려 합니다.

왜냐하면 내가 한 말보다도 남들이 들은 말이 더 소중하다고 생각했기 때문입니다. 설령 내 의도와 다소 다르게 정리되었다고 해도, 그리고 이미 앞에서 내가 한 말과 중복된 말이 있거나 다소 다르게 표현된 것이 있다고 해도, 되도록 블로그의 그 글을 그대로 충실히 옮겨보았습니다.

누구나 경험을 했을 것입니다. 산에 올라가 '야호'라고 외치면 자기의 목소리가 메아리가 되어 돌아옵니다. 분명 자신의 소리가 되돌아오는 반향反響인데도, 꼭 누군가 내 말을 듣고 화답하는 것 같은 신비함이 있습니다. 메아리를 통해서 듣는 자신의 목소리는 골짜기의 돌과 나무와 벼랑의 흙, 그리고 바람에 부딪혀 새로운 목소리가 됩니다.

나의 믿음의 소리도 그럴 것입니다.

간증 내용을 옮겨주신 맹준성 성도님께 감사를 드리며, 함께 읽어보았으면 합니다.

~~~

감사와 겸손으로 시작하는 인사

오늘 저를 여러분과 함께 만나게 해주신 주님께 감사드립니다.

이 밤이 저에게는 가장 아름답고 값진 시간입니다. 거룩

한 성탄절을 앞둔 주일에 제가 존경하옵는 김삼환 목사님의 초청으로 이 자리에 섰기 때문입니다. 사실은 저기 말단에 앉아서 기도하는 것도 황송한데, 믿음이 공고하지 않고 전혀 한 일도 없는 제가 이렇게 높은 단에 서서 저의 신앙고백을 하는 것은 참으로 분에 넘치는 일입니다.

정말 묘한 것은 주님을 만나는 방식이 천이면 천, 만이면 만, 다 다르다는 것입니다. 똑같이 주님을 만나는 사람은 거의 없습니다. 그래서 저처럼 평생 글을 쓰고 학생을 가르치는, 흔히 말해 지성인이라고 하는 사람은 어떻게 하나님과 만나는가를 말씀드리고자 합니다.

어느 무신론자의 기도

2년 전, 저는 어느 큰 교회에서 다른 분이 간증할 때 "나는 예수를 왜 안 믿는가?"라는 주제로 거꾸로 간증하는 행사에 참여했습니다. 그때만 해도 2년 후인 오늘 "나는 왜 예수를 믿어야 했나"라는 간증을 하리라고는 꿈에도 생각을 못 했지요. 당시 저는 일본에서 외롭게 지내면서 여러 저작물을 정리하고 있었습니다. 그렇게 자취하며 지내던 어느 날 그 부흥회에 초청되었던 것입니다.

보통 때 같으면 가지 않았을 텐데, 그때는 제가 너무 외로웠거든요. 그 당시가 막 「어느 무신론자의 기도 1」을 썼을 때였습니다. 그 시는 내가 무신론자라는 것을 강력히 주장하면서도 어떤 무언가에 '아름다운 시 한 줄을 쓰게 하옵소서'라는, 즉 시를 쓰는 영감을 주십사 기도를 드리며 쓴 것이지, 하나님을 믿어 쓴 시가 아닙니다. 외로웠을 때 그저 무릎 꿇고 기도한 것일 뿐, 기독교가 무엇인지 하나님이 누구인지 제대로 몰랐을 때 그럼에도 뭔가 이야기를 해줘야겠다 싶은 마음에서 쓴 것이지요.

이걸 바탕으로 그 부흥회에서 "내가 왜 이 나이가 될 때까지 하나님을 믿지 않았는가"에 관한 이야기를 했습니다. 믿는 분들은 어쩌면 새로운 믿음으로 거듭날 수 있고 주님과의 또 다른 만남이 있을지도 모른다는, 그런 인간적인 발로였던 것입니다.

그런데 그날 그곳으로 가기 전에 운전기사가 거리만 보고 소요시간을 잘못 계산하는 실수를 했습니다. 가까운 곳이라 30분이면 간다더군요. 그 말만 듣고, 식사를 마치고 시간을 맞추기 위해 식당에서 30분을 더 기다렸다 나오는데, 식당 주인이 이야기를 듣고는 교통체증 때문에 한 시간이 걸려도 갈까 말까 한 거리라고 일러주더군요. 얼마나 당황했는지 모릅니다.

　기사보고 빨리 가자고 다그치면서 출발했는데, 시작부터 빨간불에 걸려버렸습니다. 그래서 속으로 기도했습니다. '주님, 제가 모처럼 교회에 가는 착한 일을 하려는데, 이러시기 있습니까. 왜 빨간 신호를 주십니까.' 그러자 파란불이 탁 들어오는 겁니다.

　'야, 하나님이 진짜 계시긴 한 모양이구나' 하며 가는데, 또 빨간불이 들어오는 겁니다. '그럼 그렇지, 하나님이 어디 계시냐. 주님을 안 믿는 내가 오늘 모처럼 그 많은 사람이 모인 부흥회에서 뭔가 이야기하고 봉사하려는데, 신이 있다면 이러실 수가 있나.' 그 순간 또 파란불이 들어오는 겁니다.

　이렇게 몇 번을 거듭하면서 교회에 도착했습니다. 오는 동안에 유신론, 무신론 논박을 계속하며 교회에 다다른 것이지요. 그런데 정말 놀랍게도 딱 30분 만에 도착을 했습니다. 분명 빨리 가봤자 적어도 한 시간은 걸릴 거라고 했는데 말입니다. 그 과정에서 스스로 티격태격하며 '하나님이 계신다, 안 계신다, 그러면 그렇지'를 몇 번이나 되풀이하는, 그런 회의와 믿음을 반복했지만, 제시간에 도착한 것입니다.

물론 우연이겠지요. 그날 재수가 좋았다고 볼 수가 있습니다. 그러나 그 짧은 시간에 '막혔구나, 뚫렸구나' 하면서 일희일비하던 그때를 생각해보면 '참으로 시련과 시험의 시간이었구나' 하는 것을 느낍니다. 이런 혼란스런 마음은 지금도 마찬가지입니다.

솔직히 말씀드려서 저는 다른 것에는 거짓말을 잘하지만, 종교에 대해서는 거짓말을 못 합니다. 그것만은 꼭 지킵니다. 성서를 보니까, 모르고 거짓말하는 사람은 그래도 하나님께서 다 구제해주시는데, 알고도 거짓말하는 사람은 아주 엄격하게 다스리시더군요. 그래서 세례받은 후로는 어디 가서 절대로 제가 믿는다, 어쩐다 이야기하지 않습니다. 이런 불확실한 마음 때문에 저는 그간 간증하러 안 다녔습니다. 실제로, 이런 갈팡질팡하는 속마음을 솔직히 말하면 사람들이 비웃겠지요. '저 사람 세례받았다면서 저런 소리 하고 다니는구나' 하며 조롱거리가 되지 않겠습니까.

솔직히 고백하건대 세례받은 지 1년이 되었지만, 저는 아직 식사 전 기도도 제대로 하지 못합니다. 70년 동안 굳어진 그 버릇, 어디 남 줍니까?

어느 날에는 배가 고파 식食기도를 안 하고 숟가락을 먼저 들었더니, 집사람이 "여보, 당신 또 식기도 안 한다" 이렇게 이야기를 하더군요. 그럴 때는 제가 "아이쿠, 내가 잊었어. 미안" 하고 솔직히 말을 해야 하는데, "아냐, 식기도는 다 먹고 난 다음 감사드리는 게 진짜야. 먹어보지도 않고 '감사합니다' 외치는 거, 그거 다 위선이야" 이랬습니다. 하지만 집사람이 저와 50년 넘게 살았는데 절 모르겠습니까. "그 변명하고 둘러대고, 그런 지적인 조작! 머리 굴리는 거! 그거 여전히 못 버렸군. 그거 하나님이 다 아셔요" 하더군요.

제가 그런 거짓말을 할 때는 표정이나 목소리부터 달라지거든요. 자신이 거짓말하는 것은 본인이 누구보다 잘 압니다. 그러니 거짓말탐지기가 작동하는 것이지요. 하나님이 아시기 전에 이미 나 자신은 알고 있다는 겁니다. 이게 바로 내 마음 가운데 있는 영성이고 심성이면서 하나님인 것입니다. 하나님은 내 밖에 있지 않습니다. 믿으면 내 안에 하나님이 함께 거하시는 것입니다. 이것을 요즘 전 뼈저리게 느낍니다.

지적 호기심과 의심 그리고 준비된 믿음

저는 어렸을 때부터 호기심과 의심이 참 많고 질문을 잘했습니다. 제가 처음 교회에 갔을 때 목사님이 노아의 방주에 대해 말씀하셨습니다. 인간이 지은 죄로 하나님께서 하늘 아래 있는 이 세상 모든 생명을 홍수로 정죄하셨고, 오직 노아의 방주에 들어간 생명만이 구함을 받았다는 그 말씀을 들으면서 의심 많던 제가 이렇게 물었습니다.

"목사님, 모든 생명을 멸하시고 노아의 방주에 들어간 생명만 살려주셨다고 했는데, 그럼 물고기는 어떻게 됐대요? 물고기는 노아의 방주로 들어가지 않아도 안 죽지 않습니까, 물에서 사는데……." 그러자 목사님이 매우 화를 내시면서 "사탄아, 물러가라!" 이런 말씀을 막 하시는 겁니다. 전 그동안 이런 짓만 하고 다녔습니다.

저에게는 20년 지기 목사 친구가 있는데, 평소에 제가 그를 많이 도와줬습니다. 단, 나는 하나님을 믿지 않는다는 데 선을 분명히 긋고 시작했기에 그 목사는 저에게 절대로 예수 믿으라는 말을 안 했지요. 하지만 저는 그 친구를 만나기만 하면 기독교의 여러 가지 잘못을 조목조목

따져댔습니다. 성서부터 기독교계와 교회의 부패에 대해서 계속 비판했습니다.

지금 생각해보니, 내가 정말 예수님을 안 믿을 사람이었다면 그렇게까지 기독교를 욕하고 다니지 않았을 것입니다. 비유를 해보면, 보통 애들이 그럽니다. "쟤 밥맛없어, 정말." 그런데 청첩장에 대개 배우자가 바로 그놈입니다. 무관심했더라면 전 이 자리에 서지 못했겠지요. 그게 모두 관심이었고, 하나님은 저를 그렇게 쓰셨던 것입니다.

제가 젊었을 적에, 지금 보면 섬뜩할 정도로 기독교에 대해 독설을 서슴지 않았어요. 우리가 먹을 양도 부족한데 뭐 때문에 하나님께 바치느냐고 공격적으로 비난했습니다. 그런데 지금 돌이켜보니, 하나님이 저에게 그렇게 시키신 겁니다. 이렇게 지독하게 말하던 사람이 예수를 믿게 되었다는 것을 보여주시기 위해서였죠. 모태 신앙자, 즉 태어나면서부터 하나님을 섬긴 사람이었다면 다들 그러려니 했겠지만, 저처럼 잘난 체하고 안 믿던 사람이 하나님을 믿는다는 사실을 보면서 그간 내 행적을 잘 아는 친구들은 골똘히 생각할 겁니다.

결국, 기도라는 걸 생각하게 하는 것이지요. 의심이 사라지는 그런 믿음의 씨앗을 생각할 겁니다. 다른 누구도 아닌 기독교인들을 박해하고 핍박하고, 틈만 나면 쥐꼬리만 한 내 지성이 최고인 줄 알고 그것을 자랑해왔던 사람이 어떻게 하나님께 무릎을 꿇고 기도하는 인간으로 변했는가를 하나님은 미리부터 준비하여 보여주신 것이라고 저는 생각이 됩니다.

우리는 믿기 이전에 이미 믿음을 준비하고 있는 사람입니다. 사도 바울에 비길 바는 아니지만, 그분이 기독교인들을 핍박하고 탄압하는 일을 하지 않았더라면 그렇게 주님을 만나지 못하셨겠지요. 만나는 방식은 이렇게 다양합니다. 마치 사랑하는 법처럼 말입니다. 한눈에 반해 사랑에 빠진 사람이 있고 티격태격하다가 만나는 사람도 있듯이, 저 역시 아주 특이하게 주님을 만나게 된 것입니다. 그리고 주님을 만나기 이전에, 어렸을 때부터 해왔던 것들이 보이지 않는 끈에 의해서 지금에까지 계속 이어져 왔음을 알게 되었습니다.

제비 이야기

제가 국민학교를 다닐 때였습니다. 앞서 말씀드렸다시

피, 저는 호기심이 많아 선생님께 질문을 많이 하는 아이였습니다. 어느 날, 과학 시간에 가장 느린 짐승과 가장 빠른 짐승에 대해 배우고 있었습니다. 선생님이 칠판에 거북이, 달팽이 등을 그리시더니, 맨 위에 제비를 그려놓으셨습니다. 그러고는 그중에 제일 빠른 짐승이 무엇인지를 물어보셨지요. 어린 나이에도 저에게는 그 질문이 참으로 유치했습니다. 고차원의 호기심을 가졌던 저는 선생님께 곧바로 질문을 했습니다.

"선생님, 제비 둥지에는 여러 마리의 새끼들이 자기 얼굴보다 더 큰 입을 벌려서 먹이를 달라고 하는데, 어떻게 어미는 새끼들을 신통하게 구별하여 알아보고 물어온 먹이를 골고루 공평하게 나눠줄 수가 있을까요? 인간처럼 일일이 구별하여 알아보는 것일까요? 새끼들에게 먹이를 주는 기준이 도대체 뭐예요?"

이때만 해도 선생님은 좀 짜증스러운 인상을 할 뿐이었습니다. 그런데 제가 아랑곳하지 않고 연달아 그다음 질문을 했지요. "선생님, 정말 이상합니다. 다른 새들은 사람이 무서워 잘 보이지 않는 곳에 둥지를 트는데, 제비는 무엇을 믿고 사람의 집에다 둥지를 짓고 사는 걸까요?" 그러자 선생님이 화가 나서 "너 나와!" 부르시더니, 제 뺨을 치셨습니다. 전 정말 궁금해서 질문을 한 것이었는데, 선생님은 자기를 놀리며 수업을 방해하는 줄 알고 그리 노하셨던 것이지요.

나중에야 첫 번째 질문의 해답을 알게 되었습니다. 정말 오묘한 하나님의 섭리더군요. 벌레를 먹은 새끼가 입을 덜 벌린다고 합니다. 배고픈 놈이 입을 더 크게 벌린다는 것이지요. 어미 제비는 그 입 크기를 알아보고 먹이를 주는 것입니다. 입만 보면 고민할 필요도 없이 누가 배고픈 새끼인지 알아보는 것이지요. 그러니까 입 큰 녀석에게 먹이를 던져주면 아주 정확하고 공평하게 들어가는 것입니다.

그런데 요즘은 이게 슬픈 이야기가 되어버렸습니다. 옛날에는 그만큼 벌레가 많아 어미가 먹이를 물어오는 시간이 1분도 채 되지 않았다고 합니다. 하지만 지금은 농약이나 환경오염으로 벌레가 많이 없어져서 먹이를 물어오는데 10분에서 20분 정도 걸린답니다. 그 시간에 먼저 먹이를 먹은 놈은 이미 소화가 다 되어 배고픈 놈처럼 입을 크게 벌리는 것이지요. 그러니 어미가 헷갈릴 수밖에요.

이걸 정보이론에서는 '노이즈(잡신호)'라고 합니다. 최근 들어 제비의 개체 수가 적어지는 이유 중의 하나가, 이렇게 먹이를 주는 코드가 혼란스러워진 데 있다는 것입니다.

그렇다면 두 번째, '제비는 무엇을 믿고 사람의 집에다 둥지를 짓고 사는가'. 이것은 어디에도 명확한 해답이 없었습니다. 하지만 세례를 받고 나서 '아, 그게 믿음이었구나. 믿으니까 안 잡아먹히는구나' 하는 깨달음을 얻었습니다. 믿으면 축복받는 것입니다.

성서를 찾아보니, 아니나 다를까 제비가 신전에 둥지를 트는 이야기가 나옵니다. 제비 같은 미물도 신을 믿고 둥지를 트는데, 우리가 하나님의 신전에 믿음으로 둥지를 튼다면 주님께서 당연히 보호해주시지 않겠습니까. 이것을 깨닫고 나니 어렸을 때 품었던 의문들이 풀리고, 결국 이게 믿음이었음을 알게 되었습니다.

진정한 믿음 그리고 눈물

여러분이 성경을 얼마나 읽으셨는지 몰라도 저는 대학에서 기호학과 수사학을 가르치면서 토씨 하나 빠뜨리지 않고 그 문장 전체를 점검하고, 그 비유법을 분석했습니다. 예수님의 비유는 사람이 사용하는 레토릭rhetoric(수사법)이라 볼 수 없을 정도로 놀라운 문장입니다.

한편으로 구약성경을 읽다보면, 하나님은 굉장히 무서운 분임을 알 수 있습니다. 징벌을 내릴 때는 아주 혹독하고 갑작스럽게 들이치시고, 사람을 과녁으로 삼기도 하시지요. 이렇게 징벌을 주시는데도, 이렇게 당하는데도 인간은 하나님을 찾고, 하나님을 찬양합니다. 그 무언가 심상에서 끓어오르는, 참을 수 없는 경험을 할 때도 있습니다. 이건 단지 하나님이 사전에 은사를 주셔서 그런 것이 아닙니다. "Give and take?" 여러분이 교회에 나오셔서 그날로 축복받고 모든 일이 잘된다면 얼마나 쉬운 일입니까. 그러나 안 주시는데도, 오히려 박해를 받고 일이 잘 안 풀리는데도 믿는 것. 이것이 정말 어렵고 참된 신앙임을 저는 느끼게 되었습니다.

제가 세례를 받을 때 목사님이 머리에 물을 막 부어주시더군요. 그때 말할 수 없는 눈물이 눈에서 막 쏟아졌습니다. 왜 울었는지 당시 나 자신조차도 알지 못했습니다. 생각해보니 그것은 이런 이유에서였습니다. 사람이 강한 체하지만, 얼마나 고독하게 삽니까. 한참 싸울 때 누군가 옆에서 진정으로 위로해주면 눈물이 나지요. 내 인생에서 하나님이 이렇게 역성드셨다는 것을 느꼈습니다. 그동안 강한 척하고 요란하게 글 쓰고 잘난 체했던 내가 그 많은 사람들 앞에서 주님께 눈물을 흘렸습니다.

　사실 세례받기 전, 사람들 앞에서 세례받는다는 게 너무 쑥스러워서 목사님께 한 가지 부탁을 드렸습니다. 당시 일본에서 강연을 해야 했는데, 내친김에 호텔 방에서 몰래 받기로 한 것이지요. 다락방에서 기도드리는 마음으로 조용히 치르려고 했습니다. 이런 마음이 든 사정에는 아직 공고하지 않은 내 믿음도 작용했던 것입니다.

　그런데 상황이 잘못되었습니다. 차라리 우리나라 교회에서 떳떳하게 받았으면 별일 없었을 텐데, 강연을 취재하러 온 기자들이 뉴스거리로 만들고자 그 현장에 전부 몰려온 것입니다. 난리가 아니었습니다. 하지만 그렇게 많은 카메라가 들이대는데도 저는 하염없이 눈물만 흘렸습니다.

　이 눈물이 무엇인가. 그것이 바로 오늘 이야기하려는 주제입니다.

　지성은 울지 않습니다. 분석하고 심판하고 의를 따지지 않기 때문에 지성은 차갑고 명징하고 투명한 것입니다. 그래서 지성의 눈은 눈물을 흘리지 않는 것이지요. 눈이 흐려지면 제대로 볼 수 없기 때문입니다. 아무리 슬프고 고통스러워도 지성의 눈은 아주 맑고 명료한 호수가 되어야 합니다.

결국, 제가 흘린 눈물은 지성이 아니라는 것입니다. 바로 감성, 감정, 그리고 사랑이죠. 이것은 지성의 무력함이요, 지성으로는 도저히 안 되는 것을 의미합니다. 이것은 의로운 하나님 이전의 것입니다. 즉, 사랑의 하나님인 것이지요.

의로움이라는 것은 자기 입장마다 전부 다릅니다. 인간은 가치관으로 인해 모두 자기가 의롭다고 생각합니다. 그래서 서로 싸우고 괴로워하고 할퀴고 증오하는 것입니다. 그러나 사랑은 그런 입장이 없습니다. 세상 어디든지 똑같습니다. 왜냐하면 사랑에는 눈물이 있기 때문입니다. 사랑하는 사람에게 이 눈물을 흘려주기 때문입니다.

어떤 사람이 "기독교인이 세운 미국이 남북전쟁을 할 때, 남군과 북군 모두 하나님께 서로를 저주하는 기도를 드렸을 텐데 과연 하나님은 누구의 편을 들어주셨을까" 하는 어리석은 질문을 하더군요. '그런 피비린내 나는 전쟁에 하나님이 있었겠나'라는 반론이지요. 그러나 그런 기도는 하나님이 절대로 받아주시지 않습니다. 아마 이렇게 하셨겠지요. "그래, 그렇게 타일렀는데도 그처럼 서로 잔인하게 싸우느냐. 전쟁을 한다니 어쩔 수 없구나. 단, 전쟁을 하되 부상당해 목마르고 배고파하는 포로가 있다면 그에게 빵과 포도주를 주도록 하여라."

하나님은 이런 사랑의 하나님이시지, 선과 악을 판별하는 의롭고 지적이기만 한 분이 아니라는 것입니다. 만약 지적인 하나님이셨다면, 저는 지적 능력을 소유한 지성인으로서 제가 굴복할 때까지, 끝까지 하나님께 대적했을 것입니다. 지성은 서로 대결하는 것이니까요. 하지만 사랑 앞에서는 지성이고 뭐고 다 소용없습니다. 눈물을 흘렸던 그 느낌을 증폭시켰더니, 비로소 저는 하나님의 사랑을 조금씩 알게 되었습니다.

사랑의 하나님 아버지

우리가 주기도문을 외울 때 "하늘에 계신 아버지"라고 시작하지 않습니까. 내가 만일 우리 딸아이에게 사랑을 안 주었더라면 교인인 우리 딸이 그 말을 자연스럽게 할 수 있었을까요. 아마 어릴 적 아버지께 학대받고 살아온 사람이라면 그 '아버지'란 대목에서 말을 흐릴 겁니다.

어머니의 사랑은 다분히 살갗으로 느껴지는 육체적인 사랑입니다. 당신 몸으로 낳았으니까요. 하지만 아버지의 사랑은 법입니다. 질서, 이성, 이런 것이지요. 그렇지만 아버지의 사랑이라고 하는 것이 이성 속에 담겨 있는 사랑인 것만은 아닙니다. 정의의 하나님이지만, 애틋한 사랑이 있는 하나님. 그게 바로 아버지입니다.

그런데 오늘날에는 아버지들이 아주 형편없어졌습니다. 아버지의 권위, 즉 아버지로서의 역할을 못하면서부터, 그런 아버지 없는 사회fatherless society가 되면서부터 기독교도 점점 무너지고 있다고 이야기하는 사람들이 많습니다.

왜 우리가 '하나님 어머니'라고 하지 않고 '하나님 아버지'라고 하느냐. 간혹 몇몇 페미니스트는 신을 남자들이 만들었기 때문이라고도 하지만, 이것은 그런 차원의 이야기가 아닙니다.

제 딸은 미국 검사였습니다. 비행소년들을 데려다가 전도하는 봉사를 했지요. 딸과 만난 대부분의 아이들이 회개하면서 이런 말을 했답니다. 어릴 때부터 아버지가 이런 나쁜 짓을 하면 안 된다는 것을 사랑으로 가르쳐주기만 했어도, 자신은 오늘 이 자리에 있지 않았을 거라고 말입니다. 이처럼 전 세계적으로 아버지가 없어짐으로 해서 신은 죽었다는 소리가 나온다고 봅니다.

아버지가 신이라는 이야기가 아니라 비슷하다는 것이지요. 하나님이 누구신지 아는 것은 내 아버지가 진정 누구인지, 아버지의 진실한 역할이 무엇인지를 알아가는 것입니다. 결국 아버지가 타락하고 권능이 없어지고 사랑이 없으면, 우리는 방황하고 구제받지 못한다는 것입니다. 위에서 말씀드린 질서, 법, 정의, 지성 위에 '+'된 사랑, 이게 아버지입니다.

여성에게 지성이 없다는 이야기가 아닙니다. 모성애는 거의 백 퍼센트가 사랑입니다. 하지만 남자는 경우가 다릅니다. 아버지의 사랑, 그 속에는 회초리도 있고 껄끄러운 수염도 있고 어떤 분위기와 말씀이 있다는 것입니다. 직접 인간의 몸으로부터 나온 육체의 연장뿐만이 아니라 우리는 이렇게 아버지의 영혼이라는 것을 담고 태어난 것이지요.

무지개

사실 전엔 이런 걸 몰랐습니다. 그런데 우리 딸애가 겪은 것을 같이 느끼면서, 내가 딸을 사랑하고 딸아이가 나를 사랑하는 관계를 열 배, 천 배 증폭해보면서 종교가 무엇인지 알게 되었습니다.

특히 기독교는 사랑의 종교입니다. 이런 면에서 기독교

가 우리에게 더 친숙해졌는지도 모릅니다. 저는 글 쓰는 사람이기에 저의 시 한 편과 연관하여 말씀드리고자 합니다. 그 시에서 저는 "사랑이란 일종의 눈물이 흐르고 나야 무지개가 뜨는 것과 같다"라고 표현했습니다. 그 시를 쓰게 된 동기는 이렇습니다.

어느 날, 제가 자동차를 타고 가다가 라디오를 통해 강원도에 사는 어떤 분의 어릴 적 체험담을 듣게 되었습니다. 이런 이야기였습니다.

저는 지금도 흰쌀밥을 못 먹습니다. 어렸을 때, 4학년이 된 언니들이 처음 도시락을 싸가기 시작하면 그게 그렇게도 부러웠습니다. 그렇게 기다리고 기다리다가, 드디어 저도 4학년이 되었습니다. 어머니에게 조르고 졸라서 처음 학교에 도시락을 싸간 날, 그저 점심때만을 기다렸습니다. 마침내 점심시간이 되어 도시락 뚜껑을 여는 순간…… 저는 꽁보리밥으로 가득한 도시락을 보게 되었습니다. 아주 새까만 보리밥 말이지요.

어머니는 과부였고, 우리는 가난했습니다. 다른 애들은 전부 흰쌀밥을 싸왔는데 나만 꽁보리밥인 게 창피해서 얼른 뚜껑을 닫고 바깥으로 뛰쳐나왔습니다. 학교에서 도시락 먹는 것이 꿈이었는데……. 그날 어머니께서 숟가락 하나 안 댄 도시락을 보셨습니다. 그렇게 도시락 싸달라고 노래를 부르더니 웬일이냐고도 물으셨습니다. 그냥 배가 아파서 못 먹었다고 했습니다. 거짓말을 한 것입니다. 어머니는 그 말을 듣고 혀를 차더니 그냥 가시더군요.

그다음 날 점심시간이 되었습니다. '꽁보리밥이면 어떠냐. 난 그냥 먹겠다. 날 비웃으려면 그렇게 해라' 다짐하면서 뚜껑을 열어보니, 하얀 쌀밥이 들어 있는 게 아닙니까. 보리밥이라서 제가 안 먹었다는 걸 어머니는 알고 계셨던 것이지요. 이 흰쌀을 구하러 다니시느라고 얼마나 애쓰셨을까 생각하니 눈물이 쏟아져서 먹지를 못하겠더군요. 얼른 뚜껑을 닫고 또 바깥으로 나왔습니다.

어머니가 이번에도 안 먹은 걸 보셨습니다. "왜 또 안 먹었니?" 물어보셔서 "오늘도 배가 아파서……"라고 말하려다가 그냥 어머니 품에 안겨서 울었습니다. 어머니도 함께 우셨지요.

이때의 눈물은 어떤 눈물입니까? 가난의 눈물입니까? 아니지요. 딸은 어머니에게 상처주지 않으려고 거짓말을 한 것이고, 어머니는 뻔히 알면서도 기죽지 말라고 흰쌀밥을 싸주셨습니다. 두 사람이 끌어안고 울었을 때, 그들은 가난하고 슬펐지만 그 가슴에는 무지개가 뜬 것입니다. 사랑의 무지개 말입니다. 비가 와야 하늘에 무지개가 뜨는 것처럼, 이렇게 모녀가 서로를 부둥켜안고 사랑하는 그 순간에 이 눈물이 흘러 가난의 고통은 극복되고, 가슴에 무지개가 뜨는 것입니다.

이게 인간입니다. 가여운 존재이지요. 하나님이 보시기에 얼마나 측은하시겠어요. 저것들이 저렇게 가난한데도, 그래도 눈물을 흘리면서 서로 사랑하는구나. 그렇기 때문에 죄를 지어도 용서해주시고 구하시려고 내려오신 것입니다. 어머니와 딸이 이런 사랑을 나누면, 그곳에 바로 예수님이 거하시는 것입니다.

요즘 연속극을 보면, 상대방의 아픈 곳만 골라서 말을 팍팍 쏩니다. 증오에 가득 찬 소리들이죠. 부부간에, 모녀간에, 부자간에 대화하는 것을 보면 끔찍합니다. 이렇게 교회가 많은데도 우리 주변은 증오의 소리로 가득 차 있습니다. 아무리 예수님의 마음이 넓어도 이런 연속극을 보는 한 그 속에 하나님은 안 계십니다.

아버지의 간증

앞서 말씀드린 바와 같이 제 딸은 미국에서 잘나가던 검사였습니다. 딸 자랑하는 건 불출이지만, 이 아이는 이화여대에서 영문학과 불문학을 복수 전공했고, 또한 3년 만에 올 A로 조기 졸업한 녀석입니다. 미국에서 검사 일을 할 때도 한국에서 배운 영어만으로 원주민보다 영어를 더 잘했습니다. 참 똑똑한 아이지요. 난 이 애를 사랑했지만, 관념적으로만 사랑했지 정말 가슴속 깊은 사랑은 못 해줬던 것 같습니다.

그런데 이 아이가 암에 걸리고 가정에 우환이 들고 눈까지 안 보이게 되는 위기가 찾아왔습니다. 그 소식을 들었을 때는 이미 상태가 악화되어 보름이면 앞을 보지 못한다는 것이었습니다. 그때 딸은 하와이에 있었습니다. 제 손주가 과잉행동을 하는 아이여서 특수학교에 입학시키고자 가 있던 것이었지요. 망막이 찢어져가고 있어서 눈이 반밖에 안 보인다는 딸의 전화를 받고서 우리 부부는 급히 하와이로 갔습니다.

딸아이가 암에 걸렸을 때 검사직을 관두었습니다. 애가 똑똑하고 잘나갔을 때는 걱정을 안 했는데, 이런 상황에 이르니 처음으로 측은하게 느껴지더군요. 불행해지고 약해지니까 냉정한 저도 눈물이 나는 겁니다. 눈물이 고이는 겁니다. 그리고 딸이 앞으로 내 얼굴을 못 본다고 생각하니까, 이거 미치겠더군요. 이 아이가 세상에 태어나서 어머니의 품에 안겨 생명을 준 아버지라는 사람을 처음 바라봤던 그 눈, 내 모습을 봤던 그 맑고 큰 눈. 그 눈의 빛이 사라져서 나를 못 본다는 게 내 지식으로는 도저히 믿어지지가 않았습니다.

눈이 멀어가는 딸아이를 보았을 때, 정말 눈물이 막 쏟아지더군요. 하지만 내가 울면 딸애가 가슴 아파할까봐 못 울었습니다. 태연하게 "걱정하지 마라. 너는 하나님을 믿으니 괜찮아질 거야" 이렇게 말해줬지요. 그런데 딸애가 소원이 하나 있다고 하더군요. 이 아버지가 자기를 따라서 한 번만이라도 교회에 나가줬으면 하는 것이었습니다. 그게 꿈이라는 것이었습니다.

눈이 안 보이는 자기가 구제받아야 할 텐데, 오히려 몸 성한 자기 아빠보고 '안됐다, 불쌍하다' 그러면서 교회에 나가자는 겁니다. "아빠, 난 괜찮아. 앞을 못 보는 목사님이 계시는데 나보다 훨씬 행복하고, 설교하시는 걸 보면 눈뜬 사람보다 더 많은 걸 보셔. 하나님이 많은 걸 보여주시더라고……. 난 각오가 되어 있어. 걱정 마.”

나중에 안 사실이지만, 당시 자기는 아무렇지도 않았는데 딸이 눈을 못 본다는 것에 아버지가 너무 슬퍼하는 것 같아 가슴이 아팠답니다. 마치 자기 자식에 대한 아픔처럼 아버지가 얼마나 힘드실까, 하는 생각에 못 견디겠더라는 거예요. 자기가 설거지하다가 그릇을 깨뜨렸을 때 아빠가 우는 걸 보고 안타까움을 참을 수가 없었답니다. 자기는 정말 괜찮은데…….

이게 진정 우리의 사랑이었습니다. “그래, 내가 지금 뭘 못 들어주겠니. 교회에 나갈게” 하고 그때 하나님께 무릎을 꿇었던 것이지요. 안 믿었지만 이처럼 자식이 원하니까, 평생 처음 진심으로 교회에 따라 나갔습니다.

제가 따라간 곳은 주로 하와이언, 원주민들이 다니는 아주 조그만 교회였습니다. 이곳처럼 큰 오르간도 없고, 조그만 전자피아노와 컴퓨터 영상으로 주님을 찬양하고 주님의 말씀을 전하는 아주 초라한 교회였습니다. 하지만 서로 손을 붙잡고 찬양하는 모습을 보니 그렇게 행복해 보일 수가 없더군요. 솔직히 저는 멋쩍어서 노래와 춤은 못합니다. 지금도 “할렐루야!”라는 말을 크게 소리치지 못해요. 지성인이라는 게 바로 이런 사람입니다. 창피해서 못 하는 것이지요. 하지만 옆에서 딸애가 원하니 저도 같이 쫓아서 했습니다.

그러던 중 목사님이 성도들에게 차례로 각자 소원을 하나씩 말하라고 하시더군요. 여럿이서 빌면 성령이 내려온다는 겁니다. 그래서 그때 제가 처음으로 무릎을 꿇고 주님께 소원을 빌었습니다.

'하나님, 저하고 계약 하나 하십시다. 만일 우리 딸이 다시 세상을 볼 수 있다면 그때부터 제가 가진 모든 능력, 글쓰고 말하는 것 모두 하나님을 위해 쓰겠습니다.' 절실하게 무릎을 꿇고 빌었습니다. 제발 눈 좀 뜨게 해달라고 말이지요.

하지만 현지 병원에서는 현대 의학으로 도저히 고칠 수 없다는 겁니다. 찢어진 각막을 잘못 건드리면 마치 뜯어진 스타킹이 더 뜯어지는 것처럼 될까봐 수술도 못 한다는 것입니다. 그래서 아이와 상의를 했습니다. 아무래도 미국은 의료 소송이 빈번해서 혹 잘못되면 소송당할까봐 병원에서 엄살을 떠는 것일 수도 있으니, 우리나라에서 수술받자고 말입니다.

며칠 동안 아이와 같이 기도를 하면서 아이의 기분도 많이 좋아지고 눈도 조금씩 보인다고 하더군요. 그때만 해도 제 기도 때문은 아니라고 생각하며 집으로 돌아왔습니다. 얼마 안 되어 딸아이가 귀국했고, 서울대학병원에서 검진을 받았습니다.

그런데 진단 결과는 놀랍게도 각막이 찢어진 적이 없고, 다시 붙은 흔적도 없이 완전하다는 것이었습니다. 오히려 의사는 영어가 서툴러서 미국 의사들의 말을 잘못 들으신 것 아니냐고 되묻더군요. 그 순간 저는 가슴이 덜컥 내려앉았습니다. '아이고, 이제 난 끝났다.'

보통 약속한 것은 지켜야 하는 법인데, 이건 하나님과 맺은 약속 아닙니까. 기쁘면서도 한편으로는 교인으로서 저의 모든 생활이 바뀌어야 한다는 걸 생각하니 눈앞이 캄캄했습니다. 내 주위에 말썽 많은 친구들, 이것들이 와서 나를 얼마나 괴롭힐지도 걱정이 되더군요. 그래서 저는 이런 생각을 했습니다.

'아니야, 이건 기적이 아니야. 실로 기적이라는 것은 영생을 얻는 거야. 난 성경의 말씀을 알고 있어. 오병이어! 주님이 오병이어로 기적을 만드셨다고 했어. 그 떡! 그거 죽는 떡이야. 잠시 배부른 것뿐이지. 주님께서 말씀하셨어. 영원히 배부르고 영원히 주리지 않는 영생의 떡인 나를 두고서 왜 죽는 떡을 기적이라고 부르느냐고. 얘가 눈

이 나은 거, 설령 기적이라 치자. 그렇다고 얘가 영원히 사냐. 조금 봐주신 것뿐이지.'

한편 이런 사정을 듣고 큰 교회의 목사님이 오시더니, "이제 믿으시는 거죠?"라고 물어보시더군요. 그때 제가 "아직 제 마음이 움직이지 않았으니 못 믿겠습니다"라고 말했더니, 목사님이 대단히 실망을 하고 가시더군요.

이렇게 전 그 약속을 부인했습니다. 내 기도 덕분은 아니라고 보지만, 어쨌든 '눈만 뜨기만 하면……'이라고 말씀드린 것이 있어 그 약속을 지켜야 하면서도 자꾸만 거부를 했습니다. 사탄은 굉장히 집요해서 절대로 한 방에 떨어지지 않습니다.

결정적인 순간은 그다음 날에 찾아왔습니다. 그날 아침, 딸애가 미국으로 돌아가기 전에 새벽기도를 하러 나가려던 중이었습니다. 저도 아침 일찍 일어났습니다. 그날따라 너무 청명한, 그야말로 탄산수처럼 맑은 공기에 먼동이 확 터오는 아침이었습니다. 애가 마당 계단을 막 뛰어 내려가면서 날 쳐다보고 "아빠!" 하더니 교회 다녀오겠다고 반갑게 인사를 하더군요. 그 모습이 너무너무 행복해 보이는 거예요. 어둠 속에서 눈물로 지새우던 애가 그렇게 밝을 수가 없는 거예요.

바로 그때, 내가 만약 '나 세례받을게' 이 한마디만 해주면 딸아이에게는 일평생 가장 완벽한, 가장 행복한 아침이 되겠다는 생각이 들더군요. '내가 이것도 못 해주겠느냐, 네가 이렇게 살았는데……' 그래서 "얘야, 너 목사님 만나면 나 세례받는다고 그래라" 했습니다. 제 입에서 그 말이 저절로 나와버린 것입니다.

딸애는 그날 교회에 가서 15분 동안 이런 자신의 경험을 간증했다고 합니다. 많은 사람들이 눈물을 흘렸다더군요. 그리고 목사님이 딸아이의 아빠가 누구인지 밝히면서 그분이 세례받기로 했다며 광고를 했답니다. 마침 그곳에 일간지 기자가 있어서 그다음 날 대문짝만 하게 기사가 나고 말았습니다. "지성에서 영성으로!"라는 거창한 제목으로 말이지요.

저는 그때부터 꼼짝 못 하게 되었습니다. '하나님이 이렇듯 교묘하게 사람을 쓰시는구나. 너무하시다' 하면서 목사님께 전화로 간청했습니다. 내가 아직 준비가 안 되었으니 이것 좀 막아달라고, 세례받을 때 요란 떨고 싶지 않다고, 이번에 외국 강연회를 가는데 거기서 몰래 받으면 안 되겠느냐고 말이지요. 어쨌든 이 지경이 된 것입니다.

세례받던 날, 일본에서 그 나라 재계 CEO들이 참석한 기독교 집회의 특별강연을 했습니다. 그들은 비기독교인으로서 초청받았지만, 그 사람들에게는 목사님의 말씀보다 제 말이 더 설득력 있었던 것 같습니다. 나를 자신들과 같은 비기독교인으로 알고 있었는데, 제가 "세례받았습니다. 어제의 나와 오늘의 나는 다릅니다……" 이렇게 강연하니까, 어떤 분은 저를 따라 그날 바로 기독교인이 되었습니다. 목사님이 질투하시더군요.

고해의 시

결국 제가 말씀드리고자 하는 것은, 지성은 이 눈물에 무력하다는 것입니다. 영성이 무엇인지는 몰라도 인간은 눈물을 흘리는 순간 죄를 씻고 가슴을 씻는 것입니다. 사랑은 눈물입니다. 인간이 완전하다면 사랑도 기쁨과 행복만으로 끝나겠지만, 완전하지 않기 때문에 죄인이기 때문에 인간이 인간을 사랑한다는 것은 고통의 시작인 것입니다. 아픔의 시작이지요.

아이가 아프다고 하면, 우리 인간은 속수무책이지만 같이 아파합니다. 사랑하기 때문에……. 우리가 멀쩡한 사지를 가졌어도 주변에 아픈 사람이 있으면 가슴 아파합니다. 그게 사랑입니다.

오늘 저의 간증에 앞서 노숙자와 장애인을 위한 찬양과 간증이 있었습니다. 그분들의 고통을 내가 보고 느끼기 때문에 그런 나의 고통을 덜기 위해서라도 우리는 그분들이 빨리 일어서기를 원하는 것입니다. 이게 어떻게 지성이라 할 수 있겠습니까. 이것은 지성의 세계가 아니라 그 문턱을 뛰어넘어 더 높은 세계에 이르는 작은 계단입니다.

이러한 심정을 저는 시를 통해 표현했습니다. 「어느 무신론자의 기도 1」은 제가 신을 믿고 있지 않을 때 교토에서 쓴 것입니다. 당시 너무 외로웠기에, 모든 사람이 다 놀다 간 깜깜한 주말 밤에 텅 빈 연구실과 그 큰 숙소의 내 방에만 켜진 불이 먼 데서 별빛처럼 보였을 때, 그리고 오는 사람도 가는 사람도 사랑할 사람도 미워할 사람도 없이 그 깜깜한 밤에 혼자 앉았을 때, 그때 그 절대 고독과 자기 연민을 통해서 어렴풋하게 한 음성을 들었습니다. 그리고 그걸 시로 썼죠.

하나님
당신의 제단에

꽃 한 송이 바친 적이 없으니

절 기억하지 못하실 겁니다

그러나 하나님

모든 사람이 잠든 깊은 밤에는

당신의 낮은 숨소리를 듣습니다

그리고 너무 적적할 때 아주 가끔

당신 앞에 무릎을 꿇고 기도를 드립니다

하나님

어떻게 저 많은 별들을 만드셨습니까

그리고 처음 바다에 물고기들을 놓아

헤엄치게 하셨을 때

저 은빛 날개를 만들어

새들이 일제히 날아오를 때

하나님도 손뼉을 치셨습니까

아! 정말로 하나님

빛이 있어라 하시니 거기 빛이 있더이까

사람들은 지금 시를 쓰기 위해서

발톱처럼 무딘 가슴을 찢고
코피처럼 진한 눈물을 흘리고 있나이다

모래알만 한 별이라도 좋으니
제 손으로 만들 수 있는 힘을 주소서
아닙니다 하늘의 별이 아니라
깜깜한 가슴속 밤하늘에 떠다닐
반딧불만 한 빛 한 점이면 족합니다
좀 더 가까이 가도 되겠습니까
당신의 발끝을 가린 성스러운 옷자락을
때묻은 손으로 조금 만져봐도 되겠습니까

아 그리고 그것으로 저 무지한 사람들의
가슴속을 풍금처럼 울리게 하는
아름다운 시 한 줄을 쓸 수 있도록
허락해주시겠습니까
하나님

잘 보시면 "아름다운 시 한 줄을 쓸 수 있도록 허락해주
시겠습니까"라고 했습니다. 이때만 해도 글 쓰는 사람으

로서 아름다운 글로 사람들의 가슴을 울리고 싶었지, 믿음과 신앙으로 사람들과 소통하려 하지 않았습니다. 그때까지 저는 무신론자였습니다. 그런데 주님을 믿고 나서 쓴 시(「어느 무신론자의 기도 2」)를 대조해서 보시지요.

당신을 부르기 전에는
아무 소리도 들리지 않았습니다
당신을 부르기 전에는
아무 모습도 보이지 않았습니다
하지만 이제 아닙니다
어렴풋이 보이고 멀리에서 들려옵니다

어둠의 벼랑 앞에서
내 당신을 부르면
기척도 없이 다가서시며
"네가 거기 있었느냐"
"네가 그동안 거기 있었느냐"고
물으시는 목소리가 들립니다

달빛처럼 내민 당신의 손은

왜 그렇게도 야위셨습니까
못자국의 아픔이 아직도 남으셨나이까
도마에게 그렇게 하셨던 것처럼 나도
그 상처를 조금 만져볼 수 있게 하소서
그리고 혹시 내 눈물방울이 그 위에 떨어질지라도
용서하소서

아무 말씀도 하지 마옵소서
여태까지 무엇을 하다 너 혼자 거기에 있느냐고
더는 걱정하지 마옵소서
그냥 당신의 야윈 손을 잡고
내 몇 방울의 차가운 눈물을 뿌리게 하소서

이렇게 무신론자의 기도와 하나님을 알고 난 후의 기도
는 차이가 큽니다. 여기서 눈치채셨는지는 몰라도, 하나님
을 알고 난 후에는 하나님에게 위로받고 나의 아픔을 구
제받기 위한 마음보다도 하나님이 너무 외롭다는 것, 하나
님의 손이 너무나도 파리하고 차갑다는 것, 그리고 거기에
내 눈물을 뿌리고자 하는 하나님에 대한 사랑이 담겨 있
습니다.

내가 하나님을 사랑하게 되었다는 것입니다. 인간은 고독하고 혼자 태어나 혼자 죽는 법인데, 비로소 우리는 진실로 누구를 사랑하게 되었다는 것이지요. 인간에 대한 사랑이 아닙니다. 우리는 끝없이 변절하고 끝없이 죽어가고 있기 때문에, 영원하지 않기에 인간을 진실로 사랑할 수가 없습니다. 그것은 고통이고 번민입니다. 그러나 영원한 생명이신 하나님을 사랑하고 찬양하는 것. 우리는 오직 한 분인 하나님을 진실로 사랑할 수 있는 권리를 얻은 것입니다.

죽음을 생각하며

끝으로 죽음이라는 테마가 결국은 기독교의 구제라는 것을 여러분에게 말씀드리고 싶습니다. 이웃에 대한 사랑, 온갖 정의로움 등 여러 교회 활동이 많습니다마는 궁극적으로 교회에 나가는 것은 하나님과 내가 마주 서는 것입니다. 그 순간에는 민족도 국가도 커뮤니티도, 심지어 교회조차도 소용이 없습니다. 아무리 조국이 귀중해도 내 죽음을 어찌할 수 없습니다. 민족이 아무리 소중해도 내 죽음을 한 치도 움직이지 못합니다. 우리는 죽어야만 하는 존재이기 때문에 우리가 지상에서 쌓아올린 모든 가치는 덧없는 것입니다.

저는 분명히 예언합니다. 틀림없는 예언을 합니다.

백 년 후에 우리는 이렇게 마주 볼 수가 없습니다. 내 목소리도, 이 간증을 들으시는 여러분도, 목사님도, 풍금 소리도, 잘난 사람 못난 사람도, 시각장애인도, 눈뜬 자도 이 자리에는 없습니다. 그러나 단 하나의 기적이 있다면, 그것은 영원한 삶을 믿는 것입니다. 그게 극락이 아니라도 좋고, 천당이 아니라도 좋고, 최후 심판의 날에 나팔 소리와 함께 죽은 자가 거듭나지 않는다 할지라도, 살아 있는 동안 그 영생을 믿느냐 안 믿느냐가 지금까지 살아온 내 삶을 결정하기 때문입니다.

이걸 내가 여섯 살 때 알았다면 여러분은 곧이들으시겠습니까. 이 시를 읽는 것으로 대신하고자 합니다. 「메멘토 모리」라는 시입니다. 라틴어로 "죽음을 기억하라. 누구나 죽는다는 것을 알라"라는 뜻이지요.

목숨은 태어날 때부터
죽음의 기저귀를 차고 나온다

79

아무리 부드러운 포대기로 감싸도
수의壽衣의 까칠한 촉감은 감출 수가 없어
잠투정을 하는 아이의 이유를 아는가

(중략)

애들은 미꾸라지 잡으러 냇가로 가고
애들은 새둥지 따라 산으로 가고
나 혼자 굴렁쇠를 굴리던 보리밭 길

여섯 살배기 아이의 뺨에 무슨 연유로
눈물이 흘렀는가
너무 대낮이 눈부셨는가
너무 조용해 귀가 멍멍했는가

굴렁쇠를 굴리다 흐르던 눈물
무엇을 보았는가
메멘토 모리
훗날에야 알았네
메멘토 모리

여섯 살 무렵 그 찬란했던 여름, 굴렁쇠를 굴리며 정적의 그 보리밭 길을 지나갔을 때 한없이 울었던 것을 저는 기억합니다. 친구가 없어서, 외로워서, 집이 가난해서, 그러한 물질의 풍요와 우정이 없어서 울었던 게 아닙니다. 무엇인지 모르지만 그 대낮 속에서 죽음을 본 것이지요. 내가 죽는다는 생명의 한계를 알았기 때문에 나도 모르게 울었는데…… 그땐 몰랐습니다. 그게 바로 죽음에 대한 인식이었다는 것을 말입니다.

우리가 하나님을 믿고 주님 곁으로 가는 마지막 방법은 물질에 투자하듯이 영생을 얻는 투자의 일부분으로 교회에 부지런히 나가야 한다는 것입니다.

지금도 무신론자임을 훈장처럼 차고 다니는 장난꾸러기 친구 녀석이 저한테 살그머니 오더니 제 귀에다 대고 "진짜 믿는 거야? 진짜야?" 그러더군요. 저는 그렇다고 답했죠. 그랬더니 그 친구가 되묻더군요.

"정말 믿어져?"

"그렇다니까."

"교회도 나가고?"

"응."

"교회에서 사람들이 막 미친 듯이 손드는 거 보고도 정말 믿어져?"

"그럼, 믿어지지."

그리고 결국 제가 이렇게 물었습니다.

"왜 믿는지 아나? 자네, 길 지나가는 사람에게 천 원만 달라고 한번 해봐. 소매치기를 하든 뭔 짓을 하든 한번 가져와보게."

그랬더니 친구가 멍하더군요. 그래서 제가 이렇게 이야기했습니다.

"힘들지? 근데 이상하게도 말이야. 교회에 갔더니 소매치기나 강도도 아닌데 헌금 시간이 되니까 다들 돈을 내놓더라고. 그게 어디 쉬운 일인가? 그게 가짜라면 돈을 내놓겠어? 그 사람들이 바보야? 너보다 훨씬 똑똑한 사람들이야. 그래도 안 믿겠나? 그렇게 자네가 잘났으면 어서 가서 길 가는 사람에게 돈 달라고 해봐. 단돈 천 원이라도 주나."

그러자 그 친구가 갑자기 화제를 돌려 목사님들의 비리를 이야기하더군요. 그래서 제가 답했습니다.

"그래, 그런 목사들 많아. 그러니까 더더욱 우리가 교회를 다녀야 하는 거야. 자네 지금 이상한 교회, 이상한 목사 많다고 했지? 병원마다 모든 의사가 명의인가? 당연히 아니지. 그렇다고 병들었을 때 병원 안 가나? 식당에 가면 모든 메뉴가 다 맛있어? 설령 극장에서 보는 영화가 재미없다 해도, 다니다보면 그중에 명화가 있는 법이야. 자네도 한번 가보게."

외롭고 인간의 힘으로는 도저히 안 된다고 할 때, 더 이상 자신의 힘으로는 감당할 수 없을 때, 그때 갈 곳이 있다면 얼마나 축복받은 것입니까. 배고플 때 식당에 가면 해결되고 심심할 때 극장이나 PC방 가면 해결되고 무료할 때 도서관에서 책 읽으면 달래지지만, 종국에 가서 도서관도 극장도 최고급 레스토랑도 어딜 가도 허전한 마음을 채울 수 없을 때, 그때 비로소 갈 곳이 있다는 게 얼마나 행복한 것인지를 아셔야 합니다. 그것을 저주하거나 비웃지 마세요. 자신의 영적 가능성을 모독하는 것입니다.

버려진 돌

저는 아직도 믿음이 공고하지 않습니다. 하루에도 끝없이 회의하고, 땀에 젖어 밤잠을 설치며 제 자신이 미워질 때가 있습니다. 지금 전 간증하기 위해 여기 섰습니다만, 내 믿음은 여러분의 믿음만큼 강하지 않습니다. 그럼에도 제가 간증하는 것은, 믿으면 된다는 것입니다. 몇 번이고 하나님을 의심하고 정말 이건 믿을 수 없다 해도 걱정하지 마십시오.

주님과 동행한 제자들, 심지어 물 위를 걸어오시는 예수님을 보았던 베드로조차도 닭이 울기 전에 세 번이나 예수님을 배신하지 않았습니까. 하물며 우리 같은 사람이 때로는 하나님을 배신하고 안 믿고, 가끔 탈선한다고 해도 너무 괴로워하지 마시기 바랍니다. 그건 우리의 힘으로 믿을 수 있는 것이 아니라 주님의 힘으로 믿어지는 것이기 때문입니다. 오늘 내가 설령 이상한 생각이 들고, 시험에 들어서 마귀의 장난에 빠진다 할지라도, 이내 마음을 잡고 믿으시면 저 같은 사람처럼 조금씩 그 계단을 올라갈 수 있을 겁니다.

저는 최근에 부끄러운 경험을 했습니다. 유명 라디오방송 주관으로 '우리나라에서 가장 성공한 사람'이 누구인지 투표를 했는데, 뜻밖에도 제가 8위를 했더군요. 아무리 생각해도 난 성공한 사람이 아닙니다. 성공한 사람이라면 자랑 안 합니다. 하나님은 유명하다고, 세상에서 성공했다고 우리를 쓰시지 않습니다.

이 세상을 지배하고 관장한 것은 제왕들이었습니다. 오

늘날에는 정치가, 재벌 등 실물경제를 쥐고 있는 사람들이 겠지요. 그들은 매번 자신을 위한 지상의 신전을 지었습니다. 그 신전을 짓기 위해 자기의 표준으로 돌을 골랐죠. 그들의 안목으로 자기 기준에 맞춰 돌을 판단하여 신전의 초석을 만든 것입니다. 그리고 그 외의 돌들은 쓸모없는 기준 미달의 부스러기 돌로서 전부 내버립니다. 과연 그 신전에 쓰인 돌들이 선택받은 성공한 돌일까요.

그건 성공이 아닙니다. 오히려 버려진 돌, 내버린 돌, 그게 바로 하나님이 쓰시는 돌입니다. 가난하고 고통스럽고 불행한 사람들이 현실에서는 신전을 짓는 데 쓸모가 없는 돌일지라도 하나님이 오실 때는 참으로 쓸모 있는 귀한 귓돌이 될 것입니다.

여러분의 교회는 스무 명부터 시작했습니다. 명일동 버스 차장들을 위로하기 위해서 누구도 돌보지 않는 내버려진 돌들을 주워 만든 신전입니다. 그 스무 개의 돌이 이렇게 큰 돌이 되었습니다. 수만 개의 돌로 이루어진 실로 큰 신전이 되었습니다. 주님이 이렇게 키워주셨습니다. 한편으로 그분의 종으로서 그런 사역을 담당해오신 목사님을 존경합니다. 이 교회를 다니시는 여러분이 자화자찬하시기에 뭣하니 제가 와서 말씀드리는 겁니다. 여러분이야말로 버려진 돌이지만, 이제 하나님의 귓돌로 쓰일 여러분이라는 것을 오늘 이 밤에 확인시켜드립니다.

　저 역시 그런 돌 중의 하나였습니다. 하지만 간증의 시간을 갖게 해주심으로써 이렇게 귀한 귓돌로 만들어주신 주님께 영광을 돌립니다. 그리고 그에 답한 시를 읽어드리고자 합니다.

　길가에 버려진 돌
　잊혀진 돌
　비가 오면 풀보다 먼저 젖는 돌
　서리가 내리면 강물보다 먼저 어는 돌

　바람 부는 날에는 풀도 일어서서 외치지만
　나는 길가에 버려진 돌
　조용히 눈 감고 입 다문 돌

　가끔 나그네의 발부리에 채여
　노여움과 아픔을 주는 돌
　걸림돌

그러나 어느 날 나는 보았네
먼 곳에서 온 길손이 지나다 걸음을 멈추고
여기 귓돌이 있다 하셨네
마음이 가난한 자들을 위해 집을 지을
귀한 귓돌이 여기 있다 하셨네

그 길손이 지나고 난 뒤부터
나는 일어섰네
눈을 부릅뜨고
입 열고 일어선 돌이 되었네

아침 해가 뜰 때
제일 먼저 번쩍이는
돌
일어서 외치는 돌이 되었네

－「길가에 버려진 돌」

여러분, 신의 은총이 여러분의 교회에 있기를 바랍니다.
이것이 하나님이 있다는 증거입니다. 혹여 남들이 "하나님이 정말 계시냐?"라고 물을 때는 이렇게 답하십시오.

"네, 계십니다. 우리 교회를 보세요. 이게 증거입니다."

이렇게 말할 수 있는 분들이 되시기를 바랍니다. 그리고 귀한 목사님과 항상 함께하시기를 기도드리면서 이만 마치겠습니다.

감사합니다.

3

나 아닌 사람을 진정 사랑한 적이 있던가

신神은 죽음과 더불어 인간의 영원한 숙제다. 2천 년 전 하나님의 독생자라는 예수가 십자가에 못 박혀 죽은 후 서양의 지성은 유신론에 지배돼왔다. 기독교 사상은 정치 사회 문학 철학 음악 미술 등 인간사의 모든 분야에 깊숙이 뿌리를 내렸다. 인본주의人本主義를 내세운 르네상스를 기점으로 신에 대한 저항이 일어나긴 했지만, 대세를 거스르기엔 역부족이었다. 인간의 원죄 의식과 구원에 대한 갈망을 파고들면서 신 앞에서의 평등과 사랑을 내세운 기독교 정신은 서구 정신문명의 근간을 이뤘다.

기독교는 제국주의 팽창에 힘입어 동양인의 정신세계도 빠른 속도로 점령했다. 오늘날 한국은 세계적으로 드물게 기독교 열기가 뜨거운 국가로 꼽힌다. 몇 년 전 한국의 대표적인 지성이 기독교에 귀의했다고 해서 화제가 됐다. 바로 이어령(77) 이화여대 명예석좌교수다. 그는 다재다능한 문인(평론가, 소설가, 시인, 수필가)이자 언론인, 교수로 왕성한 집필 활동을 하며, 시대 변화를 앞서 읽는 예지력과 통찰력으로 한국 지식인 사회의 한 축을 형성해왔다. 인본주의 전도자로서 신을 부정하고 종교를 비판해온 그였기에 그의 '변절' 혹은 '굴복'은 뜻밖이었다.

그런 그가 지난해 3월 『지성에서 영성으로』라는 신앙고백서를 펴내 또 한 번 화제가 됐다. 이 책은 6개월 만에 30만 부가 팔리며 베스트셀러 반열에 올랐다. 지난해 11월엔 산문집 『어머니를 위한 여섯 가지 은유』와 시집 『어느 무신론자의 기도』를 잇달아 펴냈다. 출판사는 신문에 세 책을 묶어서 소개하는 전면광고를 여러 차례 내며 그의 이름이 가진 위력을 한껏 과시했다.

콧대 높은 석학이 받아들인 신은 과연 어떤 존재일까.

그는 진정 엎드린 것일까. 서구 합리주의와 실존주의로 무장했던 그가 비과학의 극치인 부활과 영생을 믿는 '예수쟁이'가 된 건 어떤 의미가 있을까. 혹시 딸 때문에 잠시 몸을 낮췄다가 남이 눈치채지 않게 예전의 완고한 인본주의자로 되돌아가 있지는 않을까(그가 신앙인이 된 표면적인 계기는 독실한 신자인 딸이 실명失明 위기를 맞았다가 '기적처럼' 회복된 사건이다). 그에게 신과 종교를 주제로 인터뷰를 요청한 것은 일대 전환을 한 한국 대표 지식인의 정신세계를 엿보려는 것이었지만 어쩌면 나 자신의 영혼의 목마름 때문이었는지도 모른다. 신을 논하는 것은 곧 인간을 논하는 것이니까.

가족에게 닥친 불행

  인터뷰는 두 차례에 걸쳐 진행됐다. 첫 인터뷰는 그가 이사장인 한중일비교문화연구소에서, 두 번째 인터뷰는 그가 상임고문으로 있는 중앙일보 사옥에서 진행됐다. 익히 알고 있던 대로 그는 하나를 물으면 열을 대답해 듣는 사람을 행복하게 하거나 난감하게 만들었다. 다음 질문으로 넘어가기 위해선 요령 있게 말허리를 끊어야 했는데, 쉬운 일이 아니었다. 분수처럼 내뿜는 화려한 수사와 비유에, 빈번한 영어 사용까지.

1월 5일 이 교수는 삼성의 회장단과 사장단을 대상으로 강연을 했다. 주제는 스마트 경영. 첫 질문으로 이날 강연에 대해 묻자 그의 입에서 말 폭포가 쏟아졌다. 요지는, 아무리 하드웨어가 좋고 프로그램이 좋더라도 인문학과 접목되지 않으면 문명의 흐름에 뒤처진다는 것, 지식이 아니라 지혜를 가진 자가 돼야 한다는 것이었다. 아이폰을 만든 스티브 잡스가 몇 번 거론됐다.

여기서 잠깐 그가 기독교를 받아들이기 전에 그와 그의 가족에게 어떤 일이 일어났는지를 정리해보자. 2006년 5월 일본에서 홀로 생활하던 그는 딸 민아에게서 걸려온 전화를 받는다. 하와이 병원에서 실명 진단(망막박리)을 받았다는 소식이었다. 하와이로 날아간 그는 딸의 권유로 현지 교회에서 기도하면서 하나님께 약속한다. "만약 민아가 어제 본 것을 내일 볼 수 있고 오늘 본 내 얼굴을 내일 또 볼 수만 있게 해주신다면 저의 남은 생을 주님께 바치겠나이다"라고.

이후 딸은 한국으로 들어와 재검사를 받았고 하와이 병
원의 진단이 오진이었음이 드러난다. 2007년 7월 그는 딸
과 약속한 대로 세례를 받는다. 두 달 후 민아의 큰아들이
원인을 알 수 없는 병으로 갑자기 쓰러져 19일 만에 숨을
거둔다. 버클리대학을 졸업하고 변호사 사무실에서 일하
던 25세의 촉망받는 젊은이였다.

"한동안 신앙심이 흔들렸지요. 지금도 대단한 신앙심은
아니지만, 그런 시련을 겪으면서 배운 말이 '그럼에도 불
구하고'예요.「하박국」에 나오는. 신이 정말 존재하는가.
있다면 참 잔인하다. 혹은 무분별하다. 왜 악인은 멀쩡하
고 선한 자는 비참한가. 이런 회의를 안 겪은 사람이 없지
요. 그것을 극복하는 게 바로 '그럼에도 불구하고'예요. 나
또한 그런 체험을 겪으면서 신앙인이 되는가보다 싶었습
니다. 그런데 내 신앙은 아직 남에게 말할 게 못 돼요. 아
직도 광야에서 방황하고 있는 거죠. 내가 교회의 간증 요
청이나 강연을 극도로 사양하는 것도 그런 이유 때문이에
요."

그의 표정은 다소 초췌했다. 심한 감기로 고생하고 있다고 했다. 그럼에도 목소리엔 생기가 넘쳤다. 앞머리가 기운차게 위로 빗겨 올려져 있었다. 자신감이 가득 찬 그는 여전히 날 선 지식인이었다.

— 책을 내고 나서 자괴감이 들지는 않았습니까.

"책이라는 것은 내고 나서 늘 불만스럽기 때문에 또 내는 거예요. 내가 많은 책을 냈다고 하지만 사실은 한 권의 책도 못 낸 거지요."

지적 호기심의 막다른 골목

— 이 책은 이전에 이 선생께서 냈던 다른 책들과는 성격이 완연히 다르지요.

"비교적 자괴감이 없었던 것은, 신앙심을 얘기한 게 아니라 문지방에 이른 과정을 썼기 때문이에요. 무신론자가 신을 영접하기까지의 과정. 남녀 관계로 치면 아직 약혼도 안 한 단계의 얘기지요. 결혼해 애를 낳는 게 진짜 신앙생활이라면, 자랑도 아니고 깊은 참회도 아니고 프로세스를 얘기한 거지."

— 『어머니를 위한 여섯 가지 은유』와 『무신론자의 기도』를 잇달아 낸 데는 출판사의 상업적 의도가 보입니다.

"물론 출판사는 다 상업적이지요. 내가 (신문에) 광고를 자주 내지는 말라고 했어요. 저자가 출판사한테 광고 내달라고 부탁하는 게 정상인데."

— 광고, 엄청 하던데요.

"엄청나게 때리고 있어요. 그분(출판사 대표)이 크리스천이에요. 돈도 돈이지만 이 기회에 자기 사역을 하겠다는 거지. 그 사람 열성이 아니면 그 책 못 나왔어요. 아마도 출판하면서 광고를 몇 개 내겠다고 신문사와 계약을 한 것 같아요."

— 기독교는 흔히 각覺의 종교가 아니라 신信의 종교라

하지요. 기독교로 귀의했지만 여전히 지성과 영성이 양립하는 게 아닙니까.

"양립하는 게 아니라 넘어서는 거지요. 지성의 궁극에는 영성이 있다는 거지요. 지적 호기심이라는 게 뭡니까. 돈 벌려고 지적 호기심을 갖나요? 내가 하나님을 믿는다, 영성을 믿는다는 것은 지극히 순수하다는 점에서 지적 호기심과 같아요."

— 지적 호기심의 연장이라고 볼 수 있나요?

"지적 호기심의 막다른 골목에서 맞닥뜨린 거죠. 내가 교토에 머물며 혼자 밥 지어 먹으면서 연구소 생활한 것 자체가 이미 종교적인 행위였던 거예요. 기사, 비서, 가정, 직장 다 버리고 떠난 것 아닙니까. 일흔이 넘어 내 인생을 바라보면서 내 삶이란 게 뭔지 되돌아본 거죠.「어느 무신론자의 기도」를 쓴 것도 그때예요."

— 그때만 해도 종교적 차원이 아니라…….

"하나의 미학이었죠. 믿음 얘기가 아니지요. 당신의 능력을 빌려줘서 무지한 사람들의 심금을 울리게 하는 한 줄의 아름다운 시를 쓰게 하소서, 했지. 그러니까 심미주의자의 기도지. 혼자 살면서 고민한 주제는 평범한 사랑이었어요. 나 아닌 사람을 진정 사랑한 적이 있는가. 물론 나는 사랑한다고 생각했지요. 에로스든 아가페든 필리아든 누군가를 사랑하지 않는 사람은 없어요. 그런데 알고 보면 이기주의적인, 나르시스적인 사랑이지. 자기를 사랑한 거지. 딸이나 아내나 이웃을 사랑한 게 아니라. 더군다나 나는 필리아가 없는 사람이거든요. 부모나 자식에 대한 사랑은 좀 있었는지 몰라도 이웃에 대한 사랑, 동료에 대한 사랑, 이른바 횡적인 사랑은 평생 안 했던 사람이에요. 릴케가 뮈조트의 성 안에서 시를 썼듯이 밀실 속에 나를 가두었지. 남과의 단절 속에 상상력도 생기고 지적 호기심도 생기는 거지. 남하고 섞이면서 나오는 문학은 4·19 이후 끊었거든요."

'나를 넘는 어떤 힘이 있구나'

이야기가 잠시 문학으로 옮겨갔다. 그는 "문학을 수단으

로 삼는 데 반대한다"며 저항의 문학, 참여의 문학을 하다
가 순수문학으로 돌아선 과정과 그 의미를 길게 설명했다.

— 딸이 다시 앞을 볼 수 있게 해주면 남은 생을 바치겠
다는 건 조건부 신앙인데요.

"조건을 달고 하나님을 믿는다? 기독교 윤리로는 사실
말도 안 되는 짓을 한 거지요."

— 혹시 신을 한번 시험해보겠다는 생각을 가졌던 건
아닙니까.

"그때는 경황이 없었어요. 절실했고. 딸애가 내 앞에서
그릇도 깨뜨리고 더듬더듬했거든요. 성서도 못 읽고. 믿음
이든 지성이든 계산된 행동은 아니었어요. 그냥 그렇게 무
릎 꿇고……. 그런데 자꾸 신문에서 내가 딸이 나은 기적
때문에 신앙을 갖게 된 것처럼 얘기하는 건 사람들을 호도
하는 거예요. 어느 날 내가 세례를 받는다고 하니까 딸이
너무 기뻐하는 거예요. 그냥 나도 모르게 충동적으로 앞뒤
생각 안 하고 한 말이었죠. 그날 딸애가 교회에 가서 간증

을 했어요. 간증이 끝나고 하용조 목사님이 청중 앞에서 얘가 누구 딸인데 그분이 곧 세례를 받는다고 말했어요. 그때 기자가 그 자리에 있었어요. 다음 날 조간신문에 크게 보도된 걸 보고 내가 안 하고 싶어도 안 할 수 없게 조여 오는구나 싶었죠. 이것은 내 의지로 되는 게 아니구나. 내 지적판단이나 이성적인 사고로 어찌 못하는 신의 세상이 있구나. 나를 넘는 어떤 힘이 있구나. 그래서 그냥 포기한 거예요. 아유, 그냥 맡기자. 마음대로 하십시오, 하고."

— 절대자에 대한 실존적 차원의 무릎 꿇기라고 볼 수 있나요?

"그렇지요. 키르케고르나 쇼펜하우어의 실존적 사상은 여전히 제 마음속에 있어요. 실존주의는 두 가지죠. 유신론적 실존주의와 무신론적 실존주의. 실존의 낭떠러지에 서서 나 아닌 바깥의 권능으로부터의 구원을 인정하느냐 안 하느냐의 차이지. 여전히 나는 비참한 존재이고 죽음은 처절하고 인간은 누구도 도울 수 없는 외톨이로 서 있다. 이런 절망적인 인간관은 변함이 없지요. 그것을 넘어서느냐 안 넘어서느냐."

— 굳이 구분하자면 무신론적 실존주의에서 유신론적 실존주의로 넘어갔다는 건가요?

"그렇지요. 지성의 발전은 계단을 올라가는 거지, 점핑하는 게 아니거든요. 난 지금 계단 밑에 있는 거지요."

— 그 결정적인 계기가 아주 우연히 자식과 한 약속이었다는 게 참 묘합니다.

"그게 외국인에게서는 찾아볼 수 없는 우리 한국인의 특징이에요. 목사 집에서 태어난 다윈은 진화론을 펴면서도 기독교를 부정하지는 않았어요. 그 딸이 죽어요. 그러고 나서 무신론자가 됩니다. 왜 하나님 아버지라고 불러요? 가족 관계를 확장한 것이 사회고 민족이고 인류거든요. 그러니까 모든 관계의 기본이 가족이지요. 하나님이 독생자를 보냈다는 비유도 가족의 개념으로 실감하는 거지요. 아버지에 대한 사랑, 어머니에 대한 사랑이 이웃으로 번지면서 기독교적인 사랑이 되는 겁니다. 그런데 그 가족주의를 버리는 것이 크리스천이거든. 가족을 넘어서는 것이. 가족은 예수를 가장 쉽게 믿게 하는 조건이면서도 믿기 힘들게 만드는 조건이지요."

유다의 절망

— 역설이네요.

"역설이에요. 예수님이 죽기 전에 자기 어머니에게 제자들을 가리키며 말하잖아요. 여자여, 저기 당신의 아들들이 있다고. 왜 나만 아들이냐는 거죠. 예수는 가족을 부정한 것이 아니라 가족을 넘어서는 진리를 전한 거예요. 공자도 마찬가지예요. 조상신을 어떻게 천天의 개념으로 볼거냐. 여기서 종교가 생기는 거지요. 혈족에 대한 사랑을 더 넓히고 보편화할 때 생판 모르는 남에게까지 사랑이 미치는 거지요. 한국에선 가족주의가 어느 나라보다 강하기 때문에 쉽게 예수교를 믿어요. 반면 예수교가 몸에 배는 과정은 참 어렵습니다. 들어가기는 쉬운데 나오기가 어렵다는 거예요. 가족의 굴레를 벗어나는 것이. 교인들이 주일마다 기도를 드리는데, 그걸 전부 (동영상으로) 찍었다고 합시다. 전부 자기 자식, 마누라, 대학 입시…… 이게 샤머니즘이지 무슨 기독교냐는 거지."

— 기복祈福신앙 말이죠?

"기복신앙이지. 그런데 그 기복이란 걸 무시하면 종교의 입구에 들어가지 못해. 그것이 인간의 한계지. 인간의 노력만으로 안 된다니까 복의 개념이 생긴 것이고 죄의 개념이 생긴 거지. 옛날부터 뭔가 불행한 일이 생기면 자기 탓이라 했거든. 내가 죄를 지었나보다, 조상이 죄를 지었나보다. 죄의식 없는 종교는 무의미하거든요. 참회는 죄에서 나오는 것이고 참회 없는 종교는 거짓말이에요. 죄의식 없는 사람이 정의를 얘기해요. 그런 사람들 곁에 가면 데어요. 정의가 무엇인지 모르니까 종교에 기대는 거지, 알면 왜 종교를 찾습니까. 여기 지상에서 다 실현하지. 유다가 예수님을 돈 때문에 팔았겠어요? 아니에요. 지상에서 천국을 만들려 한 거예요, 유다는. 예수님을 팔아 십자가에 못 박히게 하면 하나님이 로마인들을 물리치고 유대를 해방시켜줄 걸로 생각했는데, 낫띵nothing! 그러니까 자살한 거지요. 인간이 어떻게 정의를 내세워요? 미국의 남북전쟁 때 하나님은 둘로 갈라졌을 거예요. 서로 하나님의 정의를 위한 전쟁이라고 했으니. 그래서 종교는 세속적인 정치에 관여하지 말라는 거예요."

그가 또 4·19 얘기를 꺼냈다.

"아무 저항도 안 한 사람이 이승만 정권이 무너지자 사진 찢고 동상 끌고 다니는 걸 보면서 참 허망했어요. 정의를 내세운 끝없는 권력주의에 큰 충격을 받았고. 그런 게 역겨워 저항과 참여의 대열에서 빠져나온 거예요. 나는 너희들과 같지 않다고. 그래서 저항과 참여 의지를 거두었고 그게 지금까지 내려온 거죠. 문학에서 의로움을 내세우는 건 위선이고 자기기만이고 상업주의일 수 있는데 미美를 내세우는 사람은 그렇지 않아요. 미라는 건 자기를 위한 것 아니에요? 그래서 나는 의義보다는 미적인 것, 감동적인 것을 얘기했지. 단군 때나 지금이나 변함없는 인간의 고통을 얘기한 거지. 사회체제에 대해선 깊은 관심을 안 가졌지요. 그렇기에 사람들이 나를 이상하게 볼 수도 있겠지만……"

칠십 넘어서까지 그의 내면을 짓누르는 이 깊은 상처는

무엇인가. 따지고 싶은 게 있었지만, 인터뷰 주제가 아니기 때문에 대화의 방향을 틀었다.

민족 공동체에서 생명 공동체로

— 종교에 귀의한 것이 문학 활동의 연장선이라고 봐도 됩니까.

"연장선이기 때문에 지금 제가 생명 자본주의를 말하고 있는 겁니다. 리먼 브라더스 사태 이후 자본주의가 붕괴되고 자유 시장경제 원리가 무너졌다는 얘기가 나오지 않습니까. 대안이 있느냐? 없어요. 그렇다고 사회주의를 하겠어요? 기독교는 세 가지 필리아를 빼놓으면 아무것도 없어요. 토포필리아topophilia, 바이오필리아biophilia, 네오필리아neophilia, 즉 장소에 대한 사랑, 생명체에 대한 사랑, 새로운 것에 대한 사랑이죠. 생명 자본주의는 이 세 가지 축을 바탕으로 한 새로운 경제체제입니다. green growth(녹색 성장)라든지 하켄이 얘기하는 natural capitalism(자연 자본주의), 하스가 말하는 cooperative capitalism(협력적 자본주의), creative capitalism(창조적 자본주의), 이런 것들을 다 한마디로 추리면 viva capitalism(생명 자본주의)입니다. 유물론적 자본으로부터 유신론적 자본으로 가는 겁니다. 민족 공동체가 아니라 생명 공동체죠. 우리와 관계없는 유대인의 역사를 왜 읽어야 하나. 생명 공동체, 사랑 공동체의 기록이기 때문입니다. 기독교 성서에는 인간의 약점과 잘못이 다 기술돼 있어요. 내가 지성을 가진 실존적 리얼리스트로서 기독교에 가깝게 다가갈 수 있었던 것도 바로 그런 실존적 고뇌의 프로세스를 가진 종교, 밤을 가진 종교이기 때문입니다. 또 내가 동양 문학보다 서양 문학작품을 많이 읽은 것도 영향을 끼쳤지요. 외국 문학이라는 게 대개 christianity(기독교)를 기반으로 한 것 아닙니까."

— 종교에 귀의한 계기가 따님 문제였는데, 내면적으로 교토 생활 혹은 그전부터 귀의할 준비가 돼 있었다고 보이네요.

"물론이지요. 그게 모멘트가 됐다는 거지. 내 내부에서 붕괴를 촉진한 거지. 갑자기 딸 때문에 확 돌아버린 건 아니지요. 나는 지금도 그걸(딸이 실명 위기에서 벗어난 것) 기적이라고 말하지 않으니까. 지금까지 인류 역사에서 기적은 한 번도 일어나지 않았어요. 일어났다면 예수의 부활뿐이지요. 그 외의 기적을 믿는다면 예수를 잘못 믿는 거지요."

— 주변에서 예수쟁이 됐다고 비웃는 사람들이 있다면서요?

"많지요. 내 주변 사람이 전부……."

— 그런 사람들은 이 선생께서 나이가 들어 약해진 게 아니냐는 얘기도 하겠지요?

"두 가지예요. 하나는 혼자 살기에 너무 힘든 게 아니냐. 내가 사회적인 인간이 아니거든요. 외롭고 고통스럽죠. 친구라도 많고 조직이라도 있으면 버틸 텐데 점점 나이 들고 초조하니까 뭔가에 의지하고 싶어 신념을 포기한 것 아니냐. 인간주의의 패배가 아니냐는 거죠. 또 하나는 죽음 앞에선 다 헛되니 죽음까지도 가지려고, 말하자면 천당 가려는 욕심에서 그런 것 아니냐고. 그런 말에 가장 화가 나요. 저의 전 생애를 부정하는 얘기지요."

— 이 선생께서 믿는 신은 기독교에서 말하는 인격적인 신과는 다르지요?

"그래서 나한테 말 시키지 말라는 거예요. 왜냐하면 목사님들이 보기에 이단이 될 수 있으니까. 나는 성서를 비유로 읽는데 그분들은 사실이라고 믿거든요. 예를 들어 예수께서 말한 '본 어게인born again'이라는 게 육체적으로 다시 태어난다는 뜻이 아니잖아요. 모든 걸 버리고 정신적으로 다시 태어나라는 얘기지."

배터리 떨어진 장난감 곰

— 신의 개념은 여러 가지지요. 기독교의 인격신도 있고 이신론理神論의 신도 있고 우주의 질서 원리, 차원의 끝에 있는 절대자라는 개념도 있지요. 이 선생께서 말하는 신은 기독교의 하나님과는 차이가 있는 게 아닌가요?

"종교는 크게 두 가지로 나눌 수 있어요. 자력自力으로 인간의 한계를 초월할 수 있다는 종교와 타력他力으로만 건너뛸 수 있다는 종교. 일생의 경험을 통해 인간은 스스로 허물을 벗을 수 없고 누군가가 벗겨줘야 한다는 걸 깨달은 거지요. 그런데 내가 가만히 있으면 절대 외부에서 도와주지 못해요. 북 치는 장난감 곰이 배터리 나가면 아무것도 못하잖아요? 여태까지 나는 나 혼자 북 칠 수 있다고 생각했어요. 자동인형이라고. 그런데 알고 보니 배터리 빠지면 아무것도 아니더라는 거죠. 그 배터리가 하나님이고 예수님이라는 건데, 이것을 인정하느냐 인정하지 않느냐의 차이죠."

— 타력에 의한 구원을 인정한다는 점에서 신 앞에 무릎을 꿇은 건 분명하네요?

"물론이지요. 그거 인정 안 하면 기독교인 아니에요."

— 그 점에선 기독교의 하나님을 믿는 게 맞네요?

"그렇죠. 타력의 존재를 인정해 기독의 형식이든 가슴을 찢는 회개의 양식이든 영접하려는 것, 그게 기독교라는 거지요. 그런데 과연 영접했느냐? 넘어섰느냐? 그건 모르겠다는 거지요. 그 얘기를 나한테 물어보지 말라는 거예요. 왜? 거짓말이 되니까. 오해를 산단 말이에요. 내게는 어떻게 믿느냐가 아니라 어떻게 성경을 읽느냐가 중요해요."

— 젊은 시절엔 신을 부정한 니체의 초인류 사상에 심취하시지 않았습니까.

"사실 니체만큼 기독교를 잘 이해한 사람도 없어요. 신은 죽었다고 했기 때문에 부활했다고 말할 기회가 주어진 거니까. 그런데 신이 살아 있다고 생각한 사람들이 많은 거짓말을 하고 위선하고 십자군을 일으켜 정복하고……. 니체는 굴종하는 낙타가 되지 말고 사자가 되라고 말했어요. 또 자율적인 어린아이가 되라고 했어요. 그게 초인의 시작이지. 그런 단계가 기독교의 프로세스와 똑같다는 겁니다. 다만 결론이 다르죠. 니체는 신이 될 수 있는 인간, 곧 초인의 길을 제시했어요. 바그너, 히틀러가 그걸 잘못 해석해 큰 죄악을 저지른 거죠. 니체를 잘못 이해한 겁니다. 그야말로 지상에 천국을 세우려 하는 사람들이 흔히 저지르는 잘못이죠. 기독교에서 가장 큰 죄인 오만이고."

— 그런데 니체는 기독교를 강하게 비난하지 않았습니까. 비겁한 자, 약자의 종교라고.

"물론이지요. 알았기 때문에 그랬던 거죠. 몰랐다면 그런 욕도 못 해요."

— 키르케고르는 인간의 3단계를 말했습니다. 미적(감각적), 윤리적(이성적), 종교적(신앙적) 단계. 각 단계의 상징적인 인물로 돈 후안, 소크라테스, 아브라함을 꼽았습니다. 선생님은 굳이 구분하자면 어느 단계에 있습니까.

"나는 그것을 동시성으로 봅니다. 서양에서는 단계론을 얘기하지만 동양은 순환론을 말합니다. 같이 도는 거지요. being(존재)이 아니라 becoming(생성)입니다. 신성은 변하지 않아요. 하지만 끝없이 변해요. 신은 존재하는 게 아니라 끝없이 생성되는 존재지요."

"신은 존재가 아니라 생성"

— 키르케고르가 말하는 3단계 인간은 신과 마주하는 단독자입니다. 그 문턱에 서 계신 건가요?

"그렇죠. 그런데 어릴 때부터 이미 신과 단독자로서 대하고 있었지. 단계적으로 그렇게 된 건 아니라는 거지. 우리는 봄 여름 가을 겨울 순환 속에 신과 마주치고 있는 겁니다."

— 여섯 살 때 굴렁쇠를 굴리다 신의 존재를 느꼈다는 거죠?

"예. 그때 만난 거지요. 어머니의 죽음이 두려웠고, 내가 의존할 데가 없다는 게 쓸쓸하고 외로웠지요. 그것이 88올림픽 때 굴렁쇠를 굴리는 어린이의 이미지로 나타난 거지요."

— 이 선생께서는 내세의 구원을 믿으십니까.

"구원의 의미가 다르죠. 무덤에서 나와서 어쩌고 하는

게 아니라 영의 'purification(정화)'이죠. 더럽혀진 내 영을 정화하는 의미의 구원이죠. 영이 내 육체에 깃들어 있지만 이것이 내 것이 아니고 창조 이전의 혼돈 속에 있었던 영이 내게도 있다고 믿으면 그게 구원이지요."

— 죽어서 천당 가는 개념이 아니고요?

"천당이든 뭐든 내 영이 창조주에게—창조주라는 말이 싫으면 'something great(위대한 그 무엇)'라고 하죠—속해 있다고 믿고 창조 이전의 그 영이 내게 이어져 있다고 생각한다면 천당이냐 부활이냐 말할 것도 없지요."

예상한 대로 그의 기독교 신앙은 평범하지 않다. 교회에서 얘기하는 것과는 많이 다르다. 아마도 그가 교회 목사와 똑같은 얘기를 늘어놓았다면, 인터뷰를 길게 할 필요를 못 느꼈으리라.

— 영의 부활인가요?

"영이 정화되면 그게 부활이고 천당이고 영생이지요.

동양에서도 서양에서도 사람이 죽으면 영이 하늘로 올라
간다고 하잖아요. (웃음) 그 영을 믿으면 그게 어디로 가는
지는 물을 필요도 없지요."

— 일반적인 기독교인의 생각과는 다르지요?

"아니요. 내가 정통이지요."

— 예수 믿으면 천당 가고 안 믿으면 지옥 간다고.

"성서 어디에 그런 게 씌어 있어요?"

— 나쁜 짓 하면 지옥 간다고.

"아니, 어디에 그런 게 씌어 있냐고?"

그의 정색에 웃음이 나왔다. 역시 그는 학자다.

"인간이 그렇게 해석한 거지. 단테의 『신곡』 같은 데서."

한국 교회의 세속화

약속한 두 시간이 지났다. 그가 다음 일정이 있다며 일어섰다. 아직 질문거리가 남아 있었다. '하나님의 나라Kingdom of God'와 '하늘나라Kingdom of Heaven'의 개념을 두고 신학자들 사이에 논쟁이 있어왔다. 진보적 신학자들은 '하늘나라'는 비유이고, 예수가 온 것은 "지상에 '하나님의 나라'를 구현하기 위해서였다"고 주장한다.

— 일부 신학자들은 '하나님의 나라'라는 게 따로 있는 게 아니라 사랑과 정의라는 하나님의 통치 원리가 지상에서 실현되는 상태를 뜻한다고 말합니다.

"시간이 없으니 한마디로 요약할게요. 「고린도후서」 3장에 보면 '문자는 죽음이요, 하나님의 말씀, 영성은 살림이다'라고 나와요. 지금 우리가 쓰는 거, 읽는 거 전부 죽음이야. 이 얘기로 다 끝나요. 더 물을 게 없어."

내가 "추상적인 말씀이라 (머릿속에) 잘 들어오지 않는다"라고 하자 그가 약간 흥분한 어조로 덧붙였다.

116

"'하나님의 나라'라는 건 하나님의 말씀이에요. 영성. 그게 살림이에요. 나중에 전화로 더 합시다."

전화로 하지 않고 3일 뒤 다시 만났다. 첫날보다 표정이 여유로웠다. 감기가 나았는지 목소리 상태도 좋았다. 첫날의 마지막 질문을 의식해선지 그가 먼저 말을 꺼냈다.

"종교는 지상천국을 만드는 게 아니에요. (예수께서) 가이사의 것은 가이사에게 주라고 하셨잖아요. 종교가 땅의 것이면 뭐 하러 기독교를 믿어요? 그런데 한국 교회는 거꾸로 가고 있어요. 지상천국, 혹은 지상에서 자꾸 뭘 하려고 해요. 복지니 사회봉사니. 좋은 의미든 나쁜 의미든 너무 세속화돼 있어요. 내가 원하는 종교는 그게 아닙니다. 본회퍼(제2차 세계대전 때 히틀러 암살을 꾀하다 처형된 독일 신학자)니 해방신학이니, 종교의 이름으로 사회참여를 하는 건 나와 맞지 않아요. 그런 건 굳이 신의 이름으로 하지 않아도 되지요. 사회적 윤리와 도덕으로 하면 되는 거예요. 같은 맥락에서 문학도 정치화되면 안 된다는 거죠."

그의 보수성이 여실히 드러난다. 건강한 보수든 그렇지

않든.

"내가 저항을 안 하는 게 아니잖아요. 얼마나 현실 비판을 합니까. 칼럼이나 방송 나와서. 하지만 문학의 이름으로는 안 한다는 거죠."

— 젊은 시절 종교를 도그마라며 비판하셨죠? 그때는 신을 인간이 만들어낸 존재라고 생각하신 건가요?

"인간이 만든 것이든 실제로 존재하는 것이든 우리가 사는 데 관계없다고 생각했죠."

— 지금은 그 생각이 완전히 바뀐 건가요?

"내 근거지인 휴머니즘이 지진이 일어난 것처럼 흔들렸지요. 더는 그 집에서 살 수가 없어요."

팔 없는 비너스

— 논리적으로 설명이 됩니까.

"설명되지요. 빵 문제가 해결되면 모든 게 다 해결될 걸로 믿었죠. 서구식 산업주의와 근대 인간, 휴머니즘을 믿었는데 그게 무너진 겁니다. 기독교를 부정하고 희랍 신들에게 치우쳤던 하이네가 마지막에 죽음을 앞두고 비너스 동상 앞에서 무릎 꿇었을 때 미의 여신(비너스)이 이런 얘기를 했잖아요. 널 도와주고 싶어도 내겐 널 구제할 팔이 없다, 더 힘센 팔이 너를 구제해줄 거라고. 타력의 구원. 하이네에게 필요했던 신이 내게도 필요했던 건지 모르죠. 내가 휴머니스트지만 심미주의자잖아요. 진선미眞善美 중 미에 심취했죠. 그래서 문학을 하고 예술을 한 거죠. 그런데 그 미는 〈밀로의 비너스〉처럼 팔이 없는 거예요. 인생을 구하고 역사를 구할 힘이 없는 겁니다. 그런 패배감이 든 때가 세례받고 기독교를 믿기 시작한 때와 일치해요. 그 계기가 딸이었을 뿐이죠. 그런데 내게 신이 존재하는 세계가 어떤 거냐고 물으면 말 못해요. 정말 그 세계에 들어가봤다면 이런 인터뷰도 안 하겠지요. 왜? 무의미하기 때문에. 이런 인터뷰가 가능한 건 아직도 내가 문지방 위에서 서성대기 때문이지요."

— 유럽 철학자들 사이에서 한때 이신론이 유행했죠. 우주를 창조한 절대자로서의 신은 인정하지만 그 신은 인간사에 관여하지 않는다는 거죠.

"관여하더라도 우리 식으로 관여하는 게 아니니 그 뜻을 모르는 거지. 「이사야」에 나의 길과 너희의 길이 다르다고……. 부모가 자식을 학교에 보낼 때 자식은 영문도 모르고 끌려가잖아요."

— 그 점에서 이신론과 명백히 구분되네요?

"그럼요. 하나님의 뜻이 이 세상에 작용하는데, 그것이 합리적이거나 논리적이진 않다는 겁니다. 6·25 때 봤잖아요? 하나님이 계신다면 그럴 수가 없지요. 아무 죄 없는 애들이 죽어가는데, 도대체 하나님은 어디 계신 거냐. 그런 의문은 지금도 같아요."

— 신을 받아들여도 삶의 모순, 세상의 모순, 역사의 모순은 해결되지 않았군요.

"그럼요. 그게 실존주의적인 고민이지요. 키르케고르도 그랬고 쇼펜하우어도 그랬고."

— 이 선생께서도 그 점은 묻어두고 간다는 거죠?

"삶이 부조리한 건 인정하니까. 카뮈의 'absurd(부조리)'가 내가 생각하는 부조리와 같거든요. 그것이 원죄든 인간의 조건이든. 그걸 뛰어넘어 부조리에서 벗어나는 게 신의 영역, 부활의 영역이고 본 어게인, 다시 태어나는 거죠."

— 그 지점에서 카뮈와 갈라선다는 거죠?

"카뮈에게는 신이 없었죠. 나는 하나님을 믿음으로써 그 부조리를 뛰어넘으려는 거고. 세례받고 나서도 아멘이나 할렐루야 소리가 안 나왔어요. 어색하고 창피해서. 요즘은 그 말이 나와. (웃음) 그만큼 달라진 거요. 하지만 아직도 나는 문지방에서 한 다리는 여기에, 다른 다리는 저기에 걸치고 몸부림치고 있어요. 십이사도들도 예수 죽고 나서 뿔뿔이 흩어졌잖아요. 하물며 우리가 뭐 하루아침에 순교할 만큼 믿겠습니까. 그건 거짓말이에요. 그런 점에서 나는 오히려 크리스천이 아닌 사람들, 신을 안 믿는다고 하는 사람들이 (구원의) 가능성이 더 높다고 봐요. 예수 믿는다고 하면서도 실제로 믿지 않는 사람들은 영원히 못 믿어요.”

이차돈의 순교

— 예수를 신적인 존재로 인정하십니까.

“크리스천이 되기 전에도 예수를 폄훼한 적이 없어요. 신의 아들이 아니더라도 위대한 사람, 감동적인 사람으로 인정했지요. 다만 부활을 안 믿었을 뿐.”

— 지금은 믿나요, 부활을?

“부활을 믿어야 세례받고 크리스천 되는 거요.”

— 예수의 대속代贖을 통해 인간의 구원이 이뤄진다는 것도 믿습니까.

"그러니까 세례를 받았지."

가톨릭은 타 종교에 관대하다. 타 종교의 가치와 특수성을 인정하는 이른바 종교 다원주의 논쟁이 개신교에 비해 자유롭다. 교황 요한 바오로 2세의 경우 타 종교 안에 있는 '진리의 씨앗'을 인정했다. 예수를 구세주로 받아들이지 않은 사람도 하나님의 진리에 맞는 삶을 살면 구원이 가능하다는 얘기다.

— 이 선생의 모친은 불교 신자였습니다. 기독교적 구원이 불가능한가요?

"그것이 기독교의 가장 큰 문제예요. 예수 이전에 천년 동안 살았던 사람들은 다 지옥에 갔는가. 그 천년은 우주의 시간으로는 몇 초에 지나지 않죠. 예수를 알았느냐, 여호와 신을 알았느냐가 중요한 게 아니죠. 인류가 아담과 이브의 후예라고 보면 다 같아요. 동시성으로 보는 거죠.

진정 예수님을 믿는다면, 기독교의 메시지가 '이웃을 사랑하라'이고 사랑만이 인간을 구원해주는 것이라면 이미 해답이 나와 있어요. 예수님이 사마리아 사람들과 만나잖아요. 그 사람들, 혼혈에 다신교예요. 예수는 그들에게 손 내밀었습니다. 이웃이라 불렀잖아요. 이교도라도 우리에게 사랑을 베푼다면 우리의 이웃이라는 거죠. 어디 가서 (단군상) 모가지 자르는 사람들, 기독교 정신을 전혀 모르는 사람들이지요. 신라 때 순교한 승려 이차돈도 남을 위해 희생하고 사랑했다면 원죄를 씻은 거죠. 영의 정화."

그는 여기까지 말하고 자신이 없는지, 혹은 걱정이 되는지 슬쩍 톤 다운을 했다.

"사실 이 점은 내 힘으로 말하기가 힘들어. 신학자들에게 맡겨야 하는데. (웃음) 그 많은 사람이 예수를 모르고 살아갔는데 그걸 어떻게 심판할 거냐. 나는 성경을 알레고리로 읽어요. 그런데 그것을 역사적 팩트로 읽는 사람들, 교조주의자, 원리주의자 눈으로 보면 내가 이단이죠. 그래서 되도록 말 안 하려는 거예요. 눈 감고 돌 던지는 것과 같아 누군가에게 의도하지 않은 상처를 줄 수 있거든요. 이런 얘기를 일반 교양지와 하는 건 처음입니다. 기독교를 놀릴 생각도 아니고 맹신해서도 아닌 것 같아 인터뷰에 응하는 겁니다. 이 기회에 인문학적 관점에서 (종교를) 얘기해보자고. 내게도 답해야 할 의무가 있고."

화제를 돌렸다.

— 한국 교회의 물질주의와 팽창주의를 어떻게 생각하십니까.

"교회뿐 아니라 어떤 조직에도 세속적인 의미의 악이라는 게 있게 마련입니다. 기독교에도 엄연히 존재하죠. 그래도 기독교 아니면 이웃 사랑의 메시지를 어디서 쉽게 들을 수 있겠어요? 그것 하나만으로도 교회는 긍정적인 역할을 한다고 봐요."

내 눈의 들보

— 대형 교회의 물질주의가 큰 문제가 아니란 얘긴가요?

125

"그게 아니라 교회의 자정 능력에 달린 문제라는 거죠. 비非크리스천이 돌 던지는 것과 크리스천이 '정화'를 얘기하는 건 구분해야 합니다. 만약 그때 하와이 교회에 샹들리에나 파이프오르간이 있었다면 난 무릎 꿇지 않았을 겁니다. 정말 가난하고 순수한 교회였기에 그들의 기도가 진실하게 들렸고 내 마음을 움직인 겁니다. 한국 교회는 너무 많이 갖고 있어요. 다만 그런 얘기를 여기서 하면 내가 원하지 않은 결과가 나올 것이기에 삼가는 겁니다. 아직 크리스천으로서 내 신앙이 단단하지 않기 때문에. 내 눈의 들보가 너무 크므로 바깥을 비판하지 않는 거지 그들이 옳아서 비판하지 않는 건 아니에요. 내 눈의 들보를 빼면 반드시 해야 할 일입니다. 예수님은, 거짓 선지자를 분노로 다스렸어요. 안 믿는 자에겐 관대했지만 거짓으로 믿는 자에겐 단호하게 징벌했죠."

신을 주제로 한 '문지방 인터뷰'를 끝낼 때가 됐다. 그의 표정은 한결 부드러워져 있었다. 마지막으로 물었다. 신을 받아들이고 나서 일상생활에서 뭐가 달라졌느냐고.

"기독교를 믿기 전에도 허욕을 부리거나 재물을 탐내진

않았어요. 나를 아는 사람들은 다 알아요. 극적인 변화는 없지만 두 가지가 달라졌어요. 첫째는 사랑하는 법. 타자를 배려하게 됐어요. 한 예로 예전엔 기사와 비서를 많이 꾸짖었거든요. 신경질도 부리고 약속 시간에 늦으면 공중이 있는 데서 소리도 질렀죠. 그런 게 바뀌었어요. 더 큰 변화는 내 문학관에서 찾을 수 있어요. 생명 자본주의를 시작했으니까. 이전엔 휴머니스트로서 카뮈나 사르트르의 실존주의 관점에서 문명 문화의 패러다임을 읽었지만 이제는 기독교 신앙과 생명 사상을 토대로 한 예술을 합니다. 문명 문화론에 기독교를 어떻게 편입시켜 새로운 옷감을 짜느냐. 어떻게 새로운 텍스트를 만드느냐. 기독교의 미션은 자기 직업을 통해 발현됩니다. 지금 나는 생명 자본주의라는 새로운 테마를 얻어 그걸 실천하는 프로그램을 만들고 있어요. '세살마을'이니 '창조학교'니 하는 게 다 그런 거지요. 전에는 상상도 못 한 일이에요. 남을 위해 봉사한다는 건. 처음으로 에고이스트가 아닌 활동을 하고 있는 거죠."

4

생명은 사랑이다

* CTS, 〈삶이 변하는 시간 25분〉, 91회~94회 방송

─ 오늘 나오실 분은 문화부장관을 지내셨고, 우리나라의 문학이 전 세계로 뻗어져 나가는 데 통로 역할을 해주신 분입니다. 대한민국을 대표하는 지성, 이어령 박사님을 모시겠습니다.

CTS에 출연해주셔서 정말 감사합니다. 방송에 나오신 소감 한 말씀 부탁드릴게요. 정초에 출연을 결심하신 이유가 있을까요?

"제가 새해에는 1월 한 달만이라도 남을 위해서 특별한 무언가를 해야겠다는 다짐을 했습니다. 대개 1월 1월에 맹세들을 하잖아요. 그거 얼마나 갑니까? 한 닷새도 못 가요. 저도 이왕 안 될 거 초하루에 무언가 해내고 일상으로 돌아가자는 마음에 이렇게 나오게 되었습니다. 오늘 불러주셔서 감사합니다."

— 박사님께서 작년에 큰 수술을 하셨다고 들었습니다. 건강은 어떠세요?

"젊은 사람들은 잘 모를지 몰라도 내 얼굴이 예전과 달라진 데가 있어요? 내가 이십 대에 문학 시작하면서부터 글 쓰고 방송에도 나가서, 여러분의 부모님 중에 나를 모르는 사람이 없어. 그분들이 아마 지금 내 얼굴을 보면 깜짝 놀랄 겁니다. 신문이고 잡지고 매체에 나오는 내 모습은 나이 팔십에도 까만 머리였는데, 이렇게 센 머리를 하고 있으니 얼마나 놀라겠어요. 오늘 처음 보는 사람들은 원래 내 머리가 검었는지 희었는지도 모를 거예요.

이제부터 하려는 얘기가 바로 그런 것이죠. 나를 아는 사람은 내 육신을 아는 겁니다. '저 사람 까만 머리였는데, 언제 저렇게 하얘졌지?' '머리를 올백으로 넘기고 다녔는데, 언제 밤송이머리가 됐지?' 내 제자들은 날 보고 다 이렇게 말할 거예요.

그렇다면, 나는 변했는가? 아무도 모르죠. 내가 염색을 안 하면 물들이던 것이 내 모습인 줄 알던 사람들은 금세 변한 걸 알겠지만, 내 마음속은 아무리 변해도 남들이 모릅니다. 내가 죽음과 삶의 갈림길인 수술대에 누워 '말로만 들어왔던 죽음이 이런 거구나' '내가 다시 깨어날 수 있을까?' 하는 순간을 경험할 때, 그 순간에 느낀 내 내면의 변화는 누구도 모른다는 거예요.

내가 기독교에 입문한 지 벌써 사오 년이 지났지만, 아직도 신앙심이 깊지가 않아요. 그런데 수술하고 죽음이라는 것을 절실하게 느끼고 나니까 성경의 의미가 달라지고, 내 삶도 달라지기 시작했습니다. 남들은 수술했다고 저를 대단히 동정하지만, 저에게는 그것이 또 하나의 큰 계기가 되었지요."

— 박사님의 말씀을 듣기 위해 다른 때보다 많은 청년들이 모였습니다. 생명이 왕성해요. 평소 청소년들과 특별한 인연이 많으신 것으로 알고 있어요.

"지금도 내 이야기의 대상은 젊은 사람들인데, 어느새

젊은 사람들이 나를 몰라요. '시대가 이렇게 바뀌었구나', '내가 늙었구나' 싶었는데, 내 나이가 팔십이에요. 우리 어렸을 때는 육십만 넘어도 유령인 줄 알았어요. 나조차도 육십 대와는 공감, 공동 체험을 하고 있다고 생각하지 않았는데, 지금 젊은이들은 너무 당연하죠.

88 서울올림픽 때 '굴렁쇠 소년'하고 '벽을 넘어서'라는 슬로건을 내가 기획했잖아요. 열심히 이 얘기 하면 누가 옆에서 쿡쿡 찔러요. 여기 온 사람들 중에 올림픽을 본 사람이 아무도 없다는 거예요. 올림픽 얘기하면 무덤에서 나온 사람이 되는 겁니다. 머리를 물들일 때는 그러지 않았는데, 머리가 하얘지니까 아무리 컴퓨터를 잘하고 최신 스마트폰을 써도 이제는 누구도 내 말에 귀 기울이지 않으려고 해요.

모든 생명과 사랑에는 '연령'이라는 것이 없습니다. 여러분도 영원히 젊은 게 아니에요. 50년, 60년 후에는 반드시 나처럼 늙습니다. 내 모습에서 여러분은 오늘의 모습을 봐야 해요."

— 그럼 '생명은 사랑이다'라는 주제로 박사님께서 강연해주시겠습니다.

~~~

최근에 제가 쓴 『생명이 자본이다』 이야기를 잠시 해보려고 합니다. 이 책에는 '생명', '자본', '사랑' 같은 말들이 자주 나와요. 생명과 사랑. 교회에 가면 많이 듣는, 크리스천에게 가장 가까운 테마들입니다. 그런데 이 책을 아무리 읽어봐도 기독교에 대해서는 한 줄도 찾아볼 수 없습니다.

물론 예수님 얘기 더러 나오고 성경 얘기도 조금 나오지만, 불교 같은 다른 얘기들이 더 많습니다. 기독교적 메시지는 숨은 그림 찾기처럼 책 곳곳에 스며 있지요. 오늘 여러분과 함께 이 책에서 읽지 못하는 숨은 그림을 찾으며, 삶이 변하는 시간을 가져보고자 합니다.

혹시 신문에서 봤을지 모르지만, 내가 작년 생일에 팔순 잔치를 했습니다. 그동안 올림픽, 월드컵, 새천년 같은 문화 행사에 많이 참여했다 보니, 인간문화재라고 불리는 김덕수(사물놀이), 국수호(춤), 안숙선(창), 손숙(연극) 같은 일류들이 축하 공연을 해주고, 광주비엔날레에서 내 책으로 테마관을 만들었던 팀이 잔치 전체를 디자인해주었습니다. 종이접기협회에서 만든 금붕어로 사방을 꾸며주었지요.

큰 벽면에 금붕어 수백 마리가 붙어 있었습니다.

왜 금붕어를 붙여놓았을까요? 내가 고기 잡는 베드로도 아닌데……. 그날 그 자리에 온 대부분의 사람들은 그 이유를 몰랐을 겁니다. 반면에 『생명이 자본이다』를 읽은 사람들은, 이 책이 처음부터 끝까지 금붕어 얘기를 하고 있기 때문에 그곳에 금붕어를 붙여놓았다는 걸 알아챘을 거예요.

이 책에 금붕어가 왜 많이 나올까? 그게 생명, 사랑, 자본과 무슨 관계일까? 이것이 오늘 여러분과 나누고 싶은 첫 번째 테마입니다.

잠시 이걸 보세요. "삶이 변하는 시간 25".

사람들은 자기 눈앞의 것을 있는 그대로만 봅니다. 여러분도 이것을 '삶이 변하는 시간'이라고 그대로 읽었을 거예요. 그런데 나는 그렇게 안 읽습니다.

'삶'에서 '사'하고 'ㄹ'하고 'ㅁ'을 떼어 보면 '사람'이 됩니다. 또, '사람'의 'ㅁ'을 떼고 'ㅇ'을 붙이면 '사랑'이 되지요. 이런 게 숨은 그림 찾기예요. 보통 사람들은 '삶'을 '삶'이라고 그대로 읽지만, 예수님이나 크리스천은 사람, 사랑이라고 보는 것이지요. "저 삶 속에 사람과 사랑이 들어 있구나." "삶이 사랑이 되는구나." 여기까지만 생각해도 대단하지만, '사람'이라는 글자를 보세요.

'사람'이라고 할 때 받침이 뭐예요? 'ㅁ(미음)' 자죠. 이 'ㅁ' 자와 비슷한 말이 무엇이 있을까요? '미움'. 사람 안에는 미움이 있습니다. 원래 사람은 타고나기를 사랑보다는 미움을 갖고 태어납니다. 그 각이 전부 둥글둥글해져서 'ㅇ'이 되면 그때 '사랑'이 되는 것이지요. 이렇게 몇 자 안되는 문자 속에 숨어 있는 여러 가지 뜻을 통해 우리는 하나님의 은총을 발견하기도 하고, 나는 몰랐던 내 마음속의 악령을 발견하게 될 수도 있습니다.

내가 평생 해온 것들이 이런 겁니다. 책을 읽고 칸트가 어떻고 헤겔이 어떻고, 이런 것이 아니라 내 머리로 내 인생을 바라보고 모든 사물을 관찰하며 티끌 하나에서도 반짝거리는, 남들은 보지 못했던 광택을 발견해온 것이지요.

사실 우리 주위에는 관찰할 만한 것들이 너무나 많습니다. 혹시 정월 초하루에 정동진 간 것 말고, 보통 때 아침 일찍 일어나서 해 돋는 거 보신 분 있어요? 없죠. 얼마나 아까워요. 여러분이 잠들어 있는 시간에 기가 막힌 드라마가 펼쳐지는데……. 지척을 분간할 수 없었던 캄캄한 어둠이 점점 밝아지면서, 어찌나 민감한 눈꺼풀을 가졌는지 아침햇살이 닿기도 전에 새들이 제일 먼저 일어나서 우짖습니다.

내가 뉴욕에서 몇 달을 혼자 워싱턴스퀘어 근처 높은 건물에서 지냈는데, 밤에 자려고 누우면 잠이 안 와요. 알다시피 뉴욕은 불야성不夜城, 밤이고 낮이고 휘황찬란하게 켜져 있는 불빛에 시계를 보지 않으면 지금이 낮인지 밤인지 구분을 못 합니다.

그렇게 잠이 안 와서 가만히 있으면, 어디서 새 한 마리가 짹 하고 울어요. '이 밤중에 어디서 나는 새소리지?' 내가 그동안 잠을 많이 안 자서 환청이 들리나보다 했어요. 그런데 조금 있다가 또 누가 짹짹 하고 울어요. 어둠과 빛을 분간해서 아침이 되기도 전에 제일 먼저 우는 새가 있었던 것이지요.

그 새는 아마 이랬을 거예요. '아침인가?' 하고 짹, '아침이네' 하고 또 짹. 그리고 10분쯤 지나면 뉴욕의 자동차들이 다니기 시작합니다. 제일 먼저 우는 새, 불면증에 걸린 새, 제일 먼저 햇빛을 받은 새, 얼마나 감동적이에요. 생명이 있기에 문명과 문화, 모든 것이 최첨단화된 그 도시에서 햇빛이 나오기도 전에 요란한 새소리가 들려오는 것입니다.

나는 가끔 해돋이를 봐요. 보고 있으면 세상이 그렇게 장엄할 수가 없습니다. 어둠이 쨍 하고 부서져요. 생명이 어둠을 뚫고 올라오면서 강한 펀치로 탁 때리니까 부서지는 소리가 들리는 것이지요. 그 틈으로 해가 솟아나는 겁니다.

우리나라의 자살률이 세계 1위에 가깝다고 해요. 젊은 사람들이 다 자살합니다. 인터넷에 가보면, 자살 뒤집으면 살자 아니냐고 하잖아요. 한국말의 '살자', '생명'이라는 말처럼 아름다운 게 없습니다.

여러분은 안 그러겠지만, 내가 요즘 제일 마땅찮은 건, 젊은 사람들이 두 손 번쩍 올려서 하트 모양 만드는 거예요. 사랑한다면서 자주들 이렇게 하죠. 손만 올리면 다 사랑이 돼요? 그게 그렇게 쉬운 게 아니에요. 다들 사랑이 뭔지도 잘 모르면서, 하트 모양 만들고 "사랑해요" 이러면 다 사랑인 줄 안다고.

'사랑'이란 말은 한번 꺼내기가 참 힘든 단어예요. 사실, 내가 사랑한단 말을 한 마디도 안 하고 결혼한 사람이거든요. 차마 닭살 돋아서 "당신 사랑해" 이런 말 잘 못합니다. 우리 한국 사람들, 낯간지러워서 괜히 '달이 어떻고 꽃이 어떻고……' 이러지, "너 사랑해"라는 말은 잘 안 해요. 절정에 달했을 때, 그때 하는 말이 사랑이라는 말이지요.

내가 생명이 자본이라고 하니까, 보는 사람마다 '이게 무슨 소리야? 자본이 뭔데? 생명이랑 자본이 어울리는 말이야?'라고 물어요. 순우리말로 하면, 자본은 '밑천'입니다. '장사 밑천'이라고 하잖아요. "내가 장사의 자본이 좀 딸려" 이러면 무슨 말인지 잘 모르는데, "장사 밑천이 좀 딸린다" 하면 단번에 알아듣습니다.

장사하는 데 밑천이 '돈'이라면, 사는 데 밑천은 어머니, 아버지, 아들, 딸, 손자예요. 이게 생명의 밑천이죠. 어렸을 때 보면, 아버지들 치켜세우는 말이 "자식 농사 잘 지었네"예요. 농사짓는다고 표현하잖아요. 그게 자본이 아니고 뭐예요?

생명을 만들고 그것을 밑천 삼는 것을 '생식'이라 하고, 죽은 물건을 가지고 무언가 만드는 것을 '생산'이라고 합니다. 옛날에 농사지을 때만 하더라도 전부 생식이었어요. 씨 뿌리죠, 자라나죠. 오늘날 자본주의는 전부 생산입니다. 공장에 가면 죽은 것들뿐이죠. 가령, 양 목장에 가보면 양들이 살아서 메에 하고 돌아다니는데, 직조공장에 가보면 죽은 양털로 실을 만들어서 그것으로 옷감을 짭니다. 오늘날의 경제는 죽어야 자본이 되는 것이지요.

제가 나무를 잔뜩 심었다고 해봅시다. 어떻게 해야 자본이 될까요? 나무를 베서 집 짓는 목재로 만들어 팔아야 비로소 자본이 됩니다. 살아 있는 동안은 자본이 되지 못하죠.

그런데 남이섬을 보세요. 잘 자란 메타세쿼이아 나무들이 쫙 펼쳐져 있죠. 한류 붐 타고 일본 사람들이 찾아오면서 돈을 얼마나 벌었는지 모릅니다. 그 나무들을 잘라서 목재로 만든다면 그만큼 벌 수 있을까요?

'생명이 자본이다'라는 말은 나무도 이렇게 살려놓아야 자본이 된다는 것입니다. 나무와 꽃을 아름답게 가꿔놓으면 관광객들이 모여들고, 영화도 찍으러 오면서 돈을 벌 수 있다는 것이지요. 반드시 죽여서 목재로 만들어야 자산이 된다고 생각하는 것은 오늘날 자본주의의 슬픔입니다.

예수님의 제자 중에 제일 지知적인 사람이 도마예요. 예수님이 부활하셨을 때 다른 제자들과 달리 도마는 예수님의 부활을 믿지 않습니다. "내 눈으로 보지 않고, 내 손으로 만져보지 않고는 죽은 사람이 살아났다는 것을 나는 믿지 못한다." 그때 예수님이 딱 나오세요.

"봐라, 나 살아 있다."

그랬더니 도마가 이렇게 말해요.

"예수님인지 어떻게 알아요?"

예수님은 "너는 네 눈으로 보지 않고, 네 손으로 만져보지 못하면 모르느냐?" 하시면서 손을 내밀어 만져보게 하십니다. 도마가 그 손을 보니까, 십자가에 못 박힌 자국이 있는 거예요. 그때서야 "아이고, 주님이시구나!" 해요.

여러분이 예수님은 아니지만, 내가 살아 있다는 것을, 어제의 내가 아니라는 것을 보여주기 위해서는 손을 펴고 못자국이 있는지 없는지부터 살펴봐야 합니다. 남을 위해 고통 받아본 적 있는 사람은 만지면 분명히 못자국이 있어요. 옆구리에 손 넣으면 옆구리에 상처가 있어요. 저는 그 대목이 참 좋아요. 내가 도마 같은 사람이니까…….

오늘날의 교회든 예수 믿는 사람이든 못자국이나 옆구리의 상처 없이는 christianity(기독교)를 보여줄 수 없어요. 증거할 수 없습니다. 아픔이 있는 것, 고통이 있는 것, 그게 바로 사랑이거든. 누군가를 사랑하는 순간, 우리는 아파할 수밖에 없어요. 내 아이가 감기에만 걸려도 그렇게 아프잖아요. 아파보지도 않고 누구를 사랑해보지도 않은 사람이 어떻게 사랑과 생명을 알겠어요.

나는 불행한 시기에 태어나서 일제강점기에 국민학교를 다녔고, 중학교 올라가서는 밤낮 해대는 좌우익 싸움에 학교가 맹휴strike해서 제대로 다니지를 못했어요. 겨우 다닐 만하니까 전쟁이 일어나고. 그래서 나의 젊음은 누구랑 연애를 하고 인생이 즐겁고, 그런 때가 없었습니다.

　어느 날에는 나와 보들레르나 랭보의 시를 읽으며 함께 문학 얘기하던 친한 친구가 보이지 않는 거예요. 다른 친구에게 "애 어디 갔어?" 물었더니, 전쟁에 끌려갔다고 하더군요. 그 당시만 하더라도 전시 학생증이라는 게 있어서 우리는 전쟁에 나가지 않았는데, 군인이 모자라니까 헌병들이 학교 가던 젊은이들을 트럭에 태워 가는 것이었지요. 그렇게 잡혀서 일선으로 갔다가, 몇 개월 후에 죽어서 돌아오는 겁니다. 마치 『서부전선 이상없다』처럼 같이 강의 듣던 친구가 그다음 날에는 감쪽같이 사라지는 기막힌 경험을 한 거예요. 죽음이 바로 내 문턱까지 와서 젊음이라는 것이 없었던 것이지요.

　죽음을 경험한 게 나뿐만이 아니었어요. 피난 열차에서 어린애를 안고 있던 사람들이 추위에 졸다가 아이를 떨어뜨려요. 그런데도 산다는 게 뭔지, 아이가 떨어지는데도 소리만 지르고 자기는 뛰어내리지 못하는 겁니다. 어떤 사람은 기총 사격에 무의식적으로 자기 아이를 들어 올려서 막기도 했지요. 그게 우리가 겪은 전쟁입니다. 그런데도 전쟁이 일어나고 많은 사람들이 죽으면 오히려 죽음이 뭔지 몰라요. 생명이 뭔지 모릅니다. 수풀에, 산에, 숲에 나무들이 우거져 있으면 오히려 생명을 못 느끼는 것이지요.

교통사고가 나서 옆에 사람이 죽어나가는데도 정체됐다고 욕하며 고속도로를 질주하는 것이 인간이에요. 그런데 그런 사람들조차도 차들이 수없이 지나다니는 도로 한편에 작은 잡초 하나가 꽃을 피우고 있으면 눈물을 흘려요. '저것들이 그 많은 자동차 바퀴로부터 용케 살아남아 저 아스팔트에 꽃을 피웠구나.'

마찬가지예요. 6·25 전쟁으로 징병 갔던 그 많은 사람들이 돌아오지 못하는 역사의 지독함을 보고 느끼며, 생명이 무엇인지 죽음이 무엇인지 완전히 마비되어 있던 내가 금붕어 때문에 생명과 사랑을 느끼게 된 것입니다.

젊었을 적에 내 또래의 문학청년들이 다 가지고 있는 습성이 하나 있었어요. 나는 천재이기 때문에 모차르트나 이상, 예수님처럼 삼십 대를 넘기지 못하고 죽겠구나, 하는 천재병. 요즘은 공주병, 왕자병이 유행이지만, 그 당시

만 해도 문학 하는 사람들은 전부 자기를 천재라고 생각했습니다. 자기가 글 못 쓰는 건 생각 안 하고 남들이 몰라보는 거다, 백 년 후에는 나를 알아줄 거다, 했던 것이지요.

그때의 나도 내가 삼십 대를 넘길 거라고는 꿈에도 생각하지 못했어요. 당연히 나는 천재니까 서른이 넘으면 곧 죽을 거라고 생각했죠. 물론 결혼 생각은 더더욱 없었습니다.

이 세상에 뭔가 이뤄놓은 사람들을 보면, 대개 결혼을 안 했어요. 작가들 중에도 혼자 사는 독신주의자들이 많죠. 콜럼버스 보세요. 그 사람이 마누라 있고 애들이 잔뜩 있었으면 배 타고 아메리카 찾으러 갈 생각을 했겠어요? 그래서 나도 결혼은 생각지도 않은 겁니다. 곧 죽을 사람이 결혼해서 뭐 하겠어요.

그런 사람이 결혼을 하게 된 거예요. 사랑하는 사람과한 집에 살게 됐지만, 너무 가난해서 셋방살이로 살림을시작했지요. 일제강점기 때의 가혹한 통치나 전쟁 직후 피란 중에 겪었던 일들은 생각이 잘 안 나는데, 이 작은 셋방에서 처음 겪었던 겨울의 추위는 50년이 지났어도 생생합니다. 아무것도 아닌 체험인데…….

그때가 우리 집사람도 나도 대학을 갓 나와서 고등학교선생을 할 때였어요. 겨울에는 날이 너무 추워서 구공탄을

태웠는데, 내가 글 쓰고 책 읽다보면 깜빡하고 연탄불을 꺼뜨리기도 했지요. 집사람도 나도 직장을 다니고 있으니까 역할 분담을 해서 요리는 집사람이, 연탄 가는 건 내가 하고 있었거든요. 그렇게 연탄불이 꺼지고 나면 너무 추워서 잉크병이 다 얼어요. 잉크가 한 번 꽝꽝 얼었다가 녹으면 파란색이 안 나와서 그냥 버려야 했죠. 이런 일이 몇 번 있었지만, 그때마다 그냥 그러려니 넘겼습니다.

그러던 중 신혼살림에 방 안을 꾸밀 거리는 있어야 할 것 같아서 원고료로 길에서 금붕어를 사왔어요. 여러분은 '아, 그렇구나' 하고 말겠지만, 가뜩이나 먹을 것도 없어서 값싼 양미리만 먹던 때였거든요. 양미리라는 게 멸치보다 조금 큰, 말린 생선이에요. 매일같이 그걸 아작아작 씹어 먹으면서도 한옆에서는 금붕어한테 먹이를 주고 있었던 겁니다.

가뜩이나 먹을 것도 없는 사람이 왜 금붕어를 사왔을까? 생각해보면 여러 가지 의미가 있을 겁니다. 성서에서도 빵만으로는 못 산다고 했어요. 아무리 가난해도 아름다움을 추구하고, 여유를 추구하는 것이지요. '집'이라는 공간에 우리만 살아가는 것이 아니라 생기를 불어넣어줄 것들을 관상용으로 사놓은 것입니다.

그런데 어느 날 아침에 일어나보니 연탄불이 꺼져서 어항이 꽁꽁 얼어 있는 겁니다. 여러분도 알다시피 어항이 돋보기 역할을 해서 물고기가 커 보이잖아요. 가뜩이나 눈도 큰 금붕어 세 마리가 두 눈을 부릅뜬 채로 동태가 돼서 얼음 속에 갇혀 있더군요. 잉크병이 얼면 내버리고 다시 사오면 그만인데, 그건 살아 있는 생명이잖아요.

솔직히 이 일이 있기 전까지만 해도 나는 걔들을 살아 있는 생명으로 보지 않았어요. 그냥 물고기구나, 생각했지 나와 같은 생명을 나누고 있다고는 한 번도 느끼지 못했지요. 그런데 애들이 죽은 것을 본 집사람과 내가 "안 돼!" 하고 외치면서, 본능적으로 밖으로 나가 주전자에 물을 끓이는 겁니다. 얼어붙은 물고기에게 뜨거운 물을 부으면 산다는 그 어떤 지식도 없었는데 일단 해보는 거예요. 살리려고…….

그렇게 집사람이 가져온 물을 살살 따라 부었더니 얼어 있던 금붕어 꼬리가 조금씩 움직여요. 그때의 그 경이로움과 놀라움은 이루 말할 수가 없더군요. 완전히 죽은 줄 알았던 놈들이 다시 움직이기 시작하는데 내가 헛봤나 싶었습니다. 그 빨간 금붕어의 꼬리에서부터 비늘 하나하나로 생명이 번지고, 마침내 그것들이 헤엄칠 때 비로소 나는 죽음이 무엇인지 생명이 무엇인지 깨닫게 되었지요. '나의 추위가 너희들의 추위와 다르지 않았구나. 너희들이 말도 못 하고 우리와 마음이 통하는 것도 아니지만, 추위로 인해 너와 나는 하나가 되었구나.' 추위의 발견.

사랑하는 사람이 칼에 찔려서 피를 뚝뚝 흘린다고 해도 내가 이 사람만큼 아파요? 사랑한다면서 내가 열이 펄펄 끓는데도 어머니는 "볼일 있어서 잠깐 나갔다 올게" 하고 외출하시죠. 야속해요, 그럴 때는. 그런 겁니다. 그 사람을 아무리 사랑해도 그 사람만큼 아파할 수 없는 거예요. 우리가 말로는 "네 이웃을 네 몸처럼 사랑하라" 그러는데, 그거 전혀 모르는 소리예요. 그런데 추위만은 똑같이 나눌 수 있어요. 한 방에 히팅heating(난방)이 전부 꺼지면 내가 추워하는 것과 상대방이 추워하는 것은 똑같습니다. 그것만은 증명할 수 있어요. 이것이 바로 추위의 발견입니다.

내가 그때 금붕어들이 살아나는 것을 보고, 순간적으로 마치 내가 추위 속에서 죽었다 살아난 것과 같은 체험을 한 겁니다. 그리고 앞서 얘기한 대로 아침이면 또 하나의 생명을 아작아작 깨물어 먹었을 사람이 왜 금붕어를 살리겠다고 그렇게까지 했나, 하는 묘한 생각이 드는 것이지요. 그러면서 인간에게 길러지는 금붕어는 이렇게 히팅만 사라져도 얼어 죽는데, 자연에서 살아가는 붕어들은 어떻게 꽁꽁 얼어붙은 강물 속에서도 얼어 죽지 않는 걸까, 인간의 문명이라는 게 아무것도 아니구나, 이런 생각도 하게 되었습니다.

추위의 의미가 무엇인지, 붕어가 얼어 죽지 않는 강물과 금붕어가 얼어 죽는 수돗물의 차이가 무엇인지, 이렇게 하나하나 생각하다보면 그 어려운 칸트와 헤겔 없이도 그 속에 숨어 있는 과학과 모든 것을 찾아낼 수 있다는 겁니다.

우선 추위 이야기를 계속 해보죠. 우리나라 사람들의 얼굴을 보면 성형수술 하기 전부터 쌍꺼풀 있는 사람은 별로 없습니다. 광대뼈도 다 튀어 나와 있죠. 코도 납작해요. 반면에 서양 사람들은 코도 오뚝하고, 쌍꺼풀도 있습니다.

우리가 미인이라고 하는 사람들이 대체로 서양 사람들처럼 생겼잖아요. 아파트에서도 애 하나 안고 들어오는데 사람들이 이렇게 보고 "댁의 애는 한국 애 같지 않네요" 하면 되게 좋아하죠. 우리가 그렇게 살아왔어요. 미의 기준이 남자든 여자든 전부 할리우드 배우처럼 생겨야 했지요.

그런데 우리 얼굴을 가만히 들여다보면, 영하 40도의 추위를 돌파한 네오몽골리안의 얼굴을 하고 있어요. 왜? 극한의 추위에 눈에 지방이 없으면 어떻게 될까요? 원래는 그들도 쌍꺼풀이 있었는데 추위에 눈을 보호하기 위해 눈두덩에 지방기가 많아진 거예요.

흔히 코카서스산맥 이남에 살던 사람들을 코카소이드라고 합니다. 우리 조상들은 신빙하기의 추위 속에 이 산맥을 넘어 북쪽으로 가서 툰드라 지방을 지나 내몽고, 바이칼호까지, 그 추위를 견디고 한반도로 내려온 것이지요. 이 얼굴은 영하 40도의 추위를 견딘 자들의 얼굴인 것입니다. 그래서 입체적이지 않고 밋밋한 거예요.

여기서 우리들이 발견할 수 있는 것은 금붕어든 인간이든 살아 있는 것들끼리는 biosphere라고 하는 하나의 생명권이 있구나, 개든 물고기든 사람이든 추위 속에서는 똑같구나, 하는 것입니다. 추위를 이 biosphere가 우리에게 주는 시련, 고난이라고 생각한다면, 복음서의 "애통하는 자는 복이 있나니"라는 구절처럼 이 고난을 겪은 자만이 생명이 무엇인지 알게 되는 것이지요.

거짓말인지 한번 보세요.

제일 추운 남극의 극지까지 쳐들어가는 게 누구예요? 펭귄입니다. 그중에서도 황제펭귄. 다른 짐승들은 겨울이 오면 남극을 떠나 전부 도망가는데, 제대로 걷지도 못하는

150

이 녀석들은 뒤뚱거리며 남쪽으로 갑니다. 왜 그럴까요?

남극에는 블리자드라는 독특한 폭풍이 붑니다. 영하 사오십 도의 추위에 바람이 불고 눈보라까지 친다고 생각해보세요. 못 견뎌요. 이 황제펭귄들은 그걸 향해 가는 겁니다, 다른 동물들은 다 도망치는데……. 바이칼호를 찾아갔던 네오몽골리안이나 황제펭귄이나 비슷합니다. 거기에 가면 천적이 있겠어요? 모든 생물이 추위를 견디지 못해서 다 피해 가는 곳이에요. 추위를 견딘 사람이나 짐승만 들어갈 수 있습니다. 거기가 바로 no mark chance(단독 기회), 여기서 알 낳고 부화해도 천적이 잡아먹을 수 없어요. 안전하죠.

이런 것들을 통해 생각해보면, 내가 왜 크리스천이 되었는지, 왜 교회에 가는지 다 알게 됩니다. 행복해지려고 교회에 간 사람은 황제펭귄이 못 돼요. 교회는 그 고통의 추위를 찾아가는 겁니다. 그래서 내가 하나님, 예수님이 있고 이 세상을 만든 something great한 초월적인 디자이너가 있다는 것을 믿지 않을 수가 없어요. 과학을 하면 할수록 믿게 되는 겁니다. 무지에서 신앙을 갖게 되는 것이 아니라 지성의 극한까지 가서 그 문턱에서 신을 보게 되는 것이지요. 바보, 무지한 사람은 자기가 하나님을 믿는다고 생각하겠지만, 우상은 몰라도 하나님은 못 믿습니다.

그렇다면 저 고난, 영하 40도의 가장 저주스러운 추위는 지금 무엇을 보호하고 있을까요? 펭귄들이 생명을 잉태하도록 돕는 겁니다. 기독교를 믿으면 맨 죽는 얘기만 해요. 다른 종교는 부처님도 계시고 공자도 있고 다 평화로운데, 우리가 믿는 기독교는 옆구리에서 피나고 십자가에 못 박히고, 머리에는 가시면류관 씌우고…….

편안하고 행복하게 살고 싶어서 교회에 가면 늘 그렇게 죽는 얘기, 형벌 얘기, 피 흘리는 얘기뿐입니다. 십이사도 중에 제명대로 산 사람 있어요? 존경할 만한 사람은 다 제명대로 못 살았어요. 그런 종교를 왜 믿나 싶지만, 황제펭귄을 보면 알 수 있습니다. 그 고난이 사랑이고, 그 고통이 우리를 지켜준 것입니다. 천적이 오진 않나, 누가 내 알을 빼먹진 않나, 우리의 생명을 지켜주기에 우리는 걱정할 것이 아무것도 없는 것이지요.

하나님의 사랑은 우리를 밤낮 시험하는 것 같고, 치는 듯합니다. 내가 기독교 믿고 얼마나 많은 시련을 겪는 줄 아세요? 기독교 믿기 전에 나는 참 행복하고 평화롭게 살고 있었는데, 믿는 그 순간부터 딸을 잃고 외손자 잃고 수

술까지 받았습니다.

보통 사람 같으면 내가 뭘 잘못했다고 귀한 내 딸 잃고 외손자 잃고 내 머리까지 열어야 하나, 하나님 안 믿을래, 그랬을 거예요. 물론 아직도 남 앞에서 내가 크리스천이라고 말하기 부끄럽습니다. 그런데도 오늘 이 자리에 나와서 하나님 얘기, 예수님 얘기 하는 이유가 뭔지, 하나님을 욕하고 저주하고 도망쳐도 시원찮은 내가 왜 그 고통을 받아들이는지, 황제펭귄을 보면 알고 죽다 살아난 금붕어를 통해 그 의미를 알 수 있습니다.

젊은 사람들은 시련이나 고통을 심각하게 생각 안 하지만, 젊은이들이야말로 죽음을 가장 많이 생각하고 있어요. 왜? 생이 가장 강하기 때문에. 생을 느끼려면 죽음을 끊임없이 탐구해야 합니다. 죽음이 없으면 생은 존재하지 않아요. 생명처럼 역설적이고 알 수 없는 것이 없습니다. 한 사람 한 사람의 가치관이 다 다르고 서양과 우리의 생활 방식이 다 달라도 딱 하나 공통점이 있어요. '죽고 싶지 않다.' 생명이 뭔지 몰라도 죽고 싶지 않은 거예요.

내가 아까 언급한 금붕어, 그것도 일종의 부활이죠. 죽음까지 갔다 살아난 그 체험을 내가 직접 겪지는 못했지만, 같은 추위 속에서 마치 내가 죽다 살아난 것 같다는 그 생각을 통해 수백만이 죽어가는 전쟁을 겪을 때는 몰랐던, 수풀에서는 발견하지 못했던 생명이라는 것을 비로소 느끼게 된 것입니다.

펭귄은 바람 불면 절대 혼자 못 견뎌요. 우리가 아무리 잘났어도 추위는 혼자 못 견디는 거예요. 그래서 이 펭귄들은 가까이 모여서 서로의 체온을 나누며 자기 몸을 덥힙니다. 이게 사랑이죠. 한 마리 두 마리 세 마리가 모여 쫙 똬리를 틀면 안쪽 온도가 바깥보다도 10도나 높아져요. 우리처럼 스토브나 어떤 장치를 사용하는 것이 아니라 순전히 살아 있는 생명의 따뜻함으로 그 추위를 견뎌내는 겁니다. 이러한 개체들이 모여서 하나의 집단, 커뮤니티를 만드는 것, 이걸 기독교에서는 코이노니아Koinonia라고 해요.

우리 사회에서는 주로 힘센 놈들이 이 똬리 안쪽에 들어와 있어요. 권력도 있고, 돈도 있는 사람들이지요. 힘이 약한 사람들은 힘센 사람들에게 희생되어 바깥에 섭니다. 내부에 있는 사람은 따뜻하지만 외벽에 있는 사람은 얼마나 춥겠어요.

요즘 소외대중, 소외층, 이런 말을 많이 쓰는데, 인간이라면 똬리의 외벽을 친 사람과 안에 있는 사람이 10년,

100년이 가도 변하지 않을 수 있습니다. 그런데 펭귄은 하나님의 질서를 알기 때문에 똬리를 움직여 바깥에 있는 놈은 안으로 들어가고, 안에 있는 놈은 바깥으로 나오는 일을 반복합니다. 공평하죠. 그걸 누가 일러줬을까요? 걔들이 교회 다녀요? 저희들이 깨우친 거예요, 살려고.

하나님은 우리에게 지식을 주신 게 아닙니다. 지혜를 주신 거예요. 그런데 선악과라고 하는, 인간이 하나님처럼 눈이 밝아질 수 있다는 지식의 열매를 먹음으로써 스스로 추위를 이겨내고, 스스로 식량을 찾아먹을 수 있다고 생각한 인간의 오만이 펭귄만도 못한 사회를 만든 것입니다.

펭귄들은 어떻게 살아남아야 하는지를 알기 때문에 강한 펭귄이든 약한 펭귄이든 함께 똬리를 틀고 계속 돕니다. 그걸 허들링huddling이라고 해요. 미식축구 보면 선수들이 스크럼scrum을 짜서 움직이는데, 그 짓을 펭귄들이 합니다. 우리가 펭귄한테서 배운 거예요.

펭귄들만 그럴까요? 천만의 말씀. 열 센서로 20킬로미터 밖에서도 산불을 감지하는 무당벌레가 있어요. 애들이 산불만 났다 하면 거기로 날아갑니다. 왜? 펭귄 이론을 한번 적용해보세요. 산불이 나면 그곳에 천적은 없습니다. 타 죽거나 다 도망갔어요. 그럼 애들은 거기 가서 알 낳는 거예요. 펭귄이 천적 없는 추위를 찾아가는 것처럼, 무당벌레들도 산불로 완전히 쑥대밭이 된 곳에 생명을 심으러 가는 것이지요. 놀랍지 않습니까?

Christianity라는 것은 우리가 고통스러운 삶을 살면서도 남을 도와주고 이웃까지 사랑하는 것이라고 해요. 쉽지 않은 길이죠. 사도 바울 같은 순교자들을 보세요. 지식, 권세 다 갖고 얼마든지 편하게 살 수 있는데 눈까지 멀어가면서 아시아로 전도하러 다니잖아요. 남들이 볼 때 이런 사람을 이해할 수 있겠어요?

펭귄들이 블리자드가 부는 남극으로 가는 것, 그 폭풍 속에서 혼자 버티면 죽는다는 이치를 깨달은 것이나 내가 금붕어의 부활을 통해 생명이 무엇인지, 생명의 질서와 하나님의 은총이 무엇인지 알게 된 것은 같은 겁니다.

우리가 '은총'이라고 하면, 항상 따뜻한 곳에 존재한다고 생각하지만 그렇지 않습니다. 하나님의 사랑은 영하 40도의 사랑이에요. 불타는 화산 속에서의 사랑이지요. 그곳으로 날아가면 악령 같은 잡것들은 다 사라지고, 하나님이 그 자리에 성령의 씨를 박으십니다. 한국이 가장 불행한 남극이었고, 가장 뜨겁게 불타오르는 화산이었기 때문에 이 땅에 기독교가 박힐 수 있었던 거예요.

'퍼스트 펭귄'이라는 게 있어요. 남극의 빙산은 사방이 낭떠러지잖아요. 밥때가 되면 펭귄들이 먹이를 찾으러 여럿이서 사이좋게 바다로 나갑니다. 그러고는 이 낭떠러지에 도착해서 딱 멈춰서는 거예요. 바다에 가면 먹을거리도 있지만, 바다표범같이 자기를 먹으려고 하는 놈들도 있을 거 아니에요. 떨어졌다가 무사하면 먹잇감을 얻지만, 물에 들어가자마자 기다리고 있던 바다표범에게 잡아먹히면 어떡해요. 그래서 거기까지 가서 '형님 먼저 아우 먼저' 하는 식으로 서로에게 미루는 것입니다.

머리 좋은 놈들은 절대로 먼저 안 떨어져요. 바보 같은 놈들이 가장 먼저 떨어지는 것이지요. 찬란한 바보들이 있는 거예요. 크리스천이 있는 것입니다. 스티브 잡스가 스탠퍼드대학 졸업식에서 날고뛰는 애들 모아놓고 한 연설이 세계적으로 유명하죠. "Stay hungry." 배부르면 끝난다, 끝없이 추구하는 마음으로 갈망해라. "Stay foolish." 바보처럼 살아라. 똑똑한 놈들만 있어서 '나 안 들어가. 누가 먼저 들어갈래?' 하다가도 미련하고 바보 같은 한 놈이 뛰어들면 그걸 보고 나머지 펭귄들이 따라 떨어지는 겁니다.

한 민족을 구해내는 지도자라는 것은 모세처럼 우직한 바보가 되어야 합니다. 이런 리더가 돼야 하죠. 그게 크리스천이에요. 남들이 보면 크리스천은 바보예요. 저 살지도 못하면서 다른 사람들을 위해 바다에 뛰어들기만 하는…….

빅터 프랭클이 아우슈비츠 수용소에 갇히고 보니까 지옥이 따로 없어요. 사람들이 가스실에서 죽어나가고, 아비규환이죠. 그런데 그 안에서도 자기가 아파서 다 죽어가면서 남을 간호하고, 자신의 빵을 나눠주는 사람들이 있더라는 거예요. 그걸 보고 빅터 프랭클은, 인간은 극한상황에 처해야 인간이 무엇인지 안다고 했어요. 보통 때는 인간에 대해 절대 모른다는 거죠.

그 많은 펭귄 중에도 다른 펭귄들이 무서워서 바다에 뛰어들지 못할 때 먼저 살신성인해서 뛰어드는 놈이 있다는 겁니다. 물론 옆의 놈이 툭 밀어서 얼떨결에 떨어졌을 수도 있어요. 그럼에도 퍼스트 펭귄이 있기 때문에 그 집단의 펭귄들이 사는 거예요. 먼저 떨어지는 어리석은 놈이 없으면 이 커뮤니티는 아무도 살아남지 못합니다.

이렇게 바이칼호의 추위를 견디고 만주 벌판을 넘어 한반도까지 들어온 네오몽골리안과 남극의 영하 사오십 도의 추위에서 똬리 틀어 살아남은 황제펭귄 같은 지혜를 우리는 가져야 합니다. 그러면 지금 여러분은 어떻게 해야 할까요, 추위 속에 사는 사람들은 어떤 슬기가 있을까요?

보통 때는 짐승과 인간의 차이가 크지만, 추위 속에서는 사람과 짐승의 차이가 없습니다. '쓰리 도그 나이트Three Dog Night'라는 록밴드 아세요? 우리 때는 쓰리 도그 나이트 하면 최고였는데, 그 이름의 뜻도 참 좋아요.

호주에 원주민들이 있었어요. 그 원주민을 호주로 건너온 백인들이 사람 취급도 안 하고 사냥한 거예요. 짐승 사냥하듯이 쫓아가서 총으로 쏘는 거죠. 그런데 이 원주민들에게는 백인은 모르는 추위를 견디는 지혜가 있었습니다. 옛날부터 이 사람들은 추우면 개를 안고 잤어요. 개 한 마리를 끌어안고 밤새 추위를 견딜 수 있으면 평소보다 덜 추운 밤이고, 그것보다 더 추우면 두 마리, 가장 추운 날에는 세 마리를 끌어안고 자는 것이지요. 세 마리의 개로 지새야 하는 한랭기의 밤. 그 밤을 쓰리 도그 나이트라고 했던 것입니다.

상징적이잖아요. 호주의 원주민이 아니어도 요즘 세상에 추운 밤을 보내는 사람들이 얼마나 많습니까. 개 한두 마리로는 너무 외로운, 개 없이는 살아갈 수 없는 사람들.

아파트 한 구석에서 외롭게 지내는 사람들. 그 사람들이 다 쓰리 도그 나이트입니다.

이때도 추위 속에 나와 동물의 차이는 없습니다. '너와 내가 추위를, 죽음을 함께 나눴구나. 나는 하나님이 만들어주신, 모든 생명체가 하나인 생명권 안에 살고 있구나. 우리가 너희들을 만들지는 않았지만, 하나님이 사랑으로 만든 너희들을 우리가 대신 보호해야겠구나.'

하나님은 자신이 일일이 모든 생명체를 신경 쓸 수 없어 하나님을 닮은 인간에게 이 생명들을 맡기셨습니다. 우리에게 내 대신 생명체를 지키고 사랑하라 하셨는데, 이것을 우리가 멋대로 해석해서 하나님이 지배하라 했다며 발로 차고 잡아먹고 별짓 다 하고 있잖아요. 하나님이 정복하라고 생명 만들었어요?

나는 젊었을 때 성경만 읽으면, 속된 말로 뚜껑이 열리는 거예요. 세상에 어떻게 이런 일이 있나. 하나님이 노아의 방주에 모든 것을 쌍쌍이 집어넣고 제2의 창조를 하십니다. 방주 안에는 호랑이도 있고 사슴, 토끼도 있는데, 호랑이는 뭘 먹고 살아남았을까요? 같이 들어가 있는 토끼나 사슴을 먹지 않았겠어요? 풀을 잔뜩 갖다놓고 사자한

160

테 풀 먹였단 거예요? 이런 엉터리가 어디 있어요. 멀쩡한 사람이라면 절대 믿지 않을 겁니다. 그런데 나도 지금은 이게 그냥 믿어져요.

어머니들이 아이를 낳기 위해 얼마나 큰 고통을 겪어요. 애 낳을 때의 고통이 인간이 겪을 수 있는 고통 중에 최고 라고 해요. 그 아픔을 무릅쓰고 아이를 낳는다는 건 사랑 없이는 절대 불가능한 것입니다. 그러니까, 예수님이 잡히 시기 전에 마지막으로 기가 막힌 얘기를 하잖아요.

"조금 있으면 너희는 나를 다신 보지 못 한다. 나와 헤 어지면 너희들은 여인들이 아이를 낳는 것 같은 고통을 느끼겠지만, 아이를 낳으면 그 고통이 기쁨이 되듯 너희들 과 다시 만나게 될 때에는 그 마음이 기쁨으로 가득할 것 이다. 내 이름만 대도 너희들은 천국에 거할 곳이 많을 것 이다."

내가 계속 얘기한, 예수 믿기 전 금붕어 세 마리가 얼어 죽었던 그 일을 통해 유추해보면, 예수님을 안 믿는다고 생각했던 사람도 이미 예수님을 믿고 있었다는 것입니다. 나는 예수를 믿고 있었던 거예요, 벌써.

아까 했던 얘기로 돌아가봅시다. 나는 어렸을 적 동네 냇물에 가서 헤엄치다가 붕어를 처음 잡았을 때 손 안에서 붕어가 파닥거렸던 그 순간을 잊지 못합니다. 그게 생명이에요. 비늘이 있고, 그것을 잡았을 때 파닥거리는 것. 묘하게 전해오는 살아 있는 것이 진동하는 것.

송죽매. 우리 조상들이 함께 겨울을 난 세 친구의 이름입니다. 송, 죽, 매, 이 세 가지만 있어도 겨울을 난다고 했어요. 조상들은 동짓날 흰 매화송이 여든한 개를 그려서 문에 붙여놓고 하루가 지날 때마다 흰 매화에 빨간 칠을 해나갔습니다. 그렇게 81일이 지나서 백매가 전부 홍매가 되면 겨울이 지나가는 거예요.

여러분은 히터로만 추위를 이길 수 있을 것 같겠지만, 사실은 매화를 그려놓고 하나하나 붉은 칠을 해나가는 그 구구소한도 같은 마음으로 젊음이라는 가장 추운 겨울을 지나고 있는 것입니다. 그렇기 때문에 여러분이 이런 시각으로 성경을 보면 오늘부터 생명을 바라보는 시각이 달라지기 시작할 겁니다. 결론을 얘기할게요. 오늘부터 달라진다.

물을 보는 시각도 달라질 거예요. 우리가 주로 보는 물은 수돗물이죠. 인간에게는 본래 자연적인 생명과 인공적인 생명, 이 두 가지의 생명이 있습니다. 우리가 지금 회복해야 할 것은 자연적인 생명력이지요. 몇천 년 동안 금붕어처럼 살아온 사람들이 붕어가 가진 생존력을 회복하지 못하면 점점 병원이나 학교 의존도도 높아지고, 문화 문명에 대한 모든 의존도가 높아지게 되면서 수돗물이 끊겼을 때 죽게 되는 것입니다. 하지만 우물물은 내가 파기만 하면 됩니다. 파서 내 물을 먹기만 하면 돼요.

조금도 고민할 것 없이, 아르키메데스가 목욕하다가 부력을 발견해서 유레카를 외친 게 2300년 전이에요. 학교에서는 아르키메데스가 목욕탕에서 물이 흘러넘치는 것을 보고 부력의 원리를 발견해 '유레카'라고 소리쳤다고 가르치지만, 나는 그 얘기를 듣는 순간 이렇게 생각했습니다. '2300년 전에도 수돗물로 목욕 시설을 만들었어?' 우리가 2300년 전에 도시를 건설해서 목욕 시설을 만들었으면 아르키메데스가 우리나라에서 나왔어요. 몸이 붕 떠서 물이 넘치는 걸 아르키메데스만 봤겠어요?

아르키메데스가 그런 것을 발견하려면 폴리스 문명이 있어야 하고, 폴리스 문명이 발생하려면 수도 시설이 있어야 해요. 수도 시설을 갖추기 위해서는 또 그런 도시화된 인공적 문명, 자연에서부터 격리된 문명이 있어야 했던 것이지요. 그런데 나만 해도 어렸을 때 밤낮 냇가에 가서 수돗물이 아니라 냇물 먹고 그걸 뽑아 썼단 말이에요. 그렇다고 여러분에게 원시시대로 돌아가라는 것은 아닙니다.

　오늘의 내가 되기 위해서 여러분이 제일 많이 얻은 것
은 무엇이고, 제일 많이 잃은 것은 무엇입니까? 가장 중요
한 생명력일 것입니다. 「이사야」 12장 3절에 이런 구절이
나와요. "너희가 기쁨으로 구원의 우물물들에서 물을 길으
리로다." 이스라엘 사람들이 황무지에 처음 나라를 건설하
고, 그곳에서 우물물이 솟아나는 것을 보았을 때 너무 감
동한 나머지 이 구절로 노래를 만들었다고 해요. 그것이
그 유명한 〈마임 마임Mayim Mayim〉이라는 포크송입니다.
　가만히 생각해보면 기독교에서는 왜 물로 세례를 할까
요? 이스라엘 사람들은 왜 가장 기쁠 때 〈마임 마임〉을 부
를까요? 물이라는 것은 무엇일까요?
　물과 반대되는 것은 불이죠. 산업자본주의와 금융자본
주의 같은 20세기까지의 모든 서구 문명은 불을 중심으로
한 것입니다. 석유부터 원폭, 에너지까지. 증기기관이라고
할지라도 불을 때서 수증기를 만드는 것이지요.
　21세기부터는 물의 자본주의, 생명의 자본주의가 생겨
났습니다. 살아 있는 것은 전부 물을 필요로 하지만 죽어
있는 것은 물이 필요하지 않죠. 하나님이 만드신 생명에

가장 가까운 것이 물입니다. 창세기에 보면 어둠 속 수면 위에 스피릿spirit이 움직인다고 해요. 물 위에서 움직인 것이지요.

그러니까 여러분이 성경을 모르고 하나님을 모르고 예수님을 모르더라도 세례할 때 붓는 그 물을 생각하고, 영하 40도에서 금붕어를 살려낸 그 생명의 물에 대해 알게 된다면, 지금까지는 모든 것을 불이 지배했지만 이제부터는 살아 있는 물의 시대, 예수님이 강가에서 세례를 받으시던 그 물처럼 생명을 상징하는 물의 시대가 온다는 것을 깨닫게 될 것입니다.

'007 시리즈'의 〈007 퀀텀 오브 솔러스Quantum of Solace〉를 보면, 한 조직이 볼리비아의 물을 완전히 막아놓고 수돗물을 민영화해서 국제 컨소시엄을 통해 팔아먹으려고 해요. 그걸 막는 게 007이죠. 여러분이 내 이야기를 듣고 이 영화를 보면, 우리는 하나님이 주신 생명에 절대 필요한 공기와 물을 사고파는, 우리들의 생명 그 자체를 사고파는 놀라운 문명 앞에 놓여 있다는 것을 알게 되실 겁니다.

우리가 다른 사치스러운 것은 없어도 돼요. 금 없이도 살고, 다이아몬드 없이도 살아요. 그런데 공기와 물이 없으면 살지 못합니다. 이 세상에서 제일 흔한 게 공기와 물이에요. 공짜죠. 막스 같은 사람들은 이것들의 교환가치가 제로라고 이야기합니다. 물은 공짜이기 때문에 물장사를 하고 싶다면 물에 설탕이라도 넣어 팔아야 한다는 것이지요. 그런데 이제는 하나님이 주신 물이 자본이 되고, 쇠고기 등 우리가 먹는 보통 음식처럼 물을 돈 내고 사먹는 시대가 된 겁니다. 반생명적 문명 문화의 시장 제도가 생겨난 것이지요.

그렇기 때문에 러스킨은 생명가치라는 토대 위에서 생산이 이루어져야지, 생명에 필요한 그 자체를 사고파는 것은 정의롭지 못하다고 했어요. 샌델도 돈 주고 사고팔 수 없는 것, 이것을 돈 주고 매매하는 시장주의는 끝나야 한다고 말했지요. 다른 것은 다 시장으로 가도, 우리에게 남아 있는 생명과 사랑의 가치를 돈으로 매매하고 통제하는 순간, 모든 게 끝나는 것입니다.

지금 우리가 그러고 있죠. 그렇기 때문에 경제의 그 어떤 시장가치 중에서도 생명가치, 사랑의 시스템이 우위에 서는 자본주의 시대를 만들지 않으면 우리의 번영을 가져다준 자본주의는 끝이 나고 말 겁니다. 그걸 우리는 리먼 사태 때 봤어요.

지금까지는 우리가 서양처럼만 살면 된다고 생각하며

여기까지 왔지만, 그게 막다른 낭떠러지라면 우리는 어디를 향해 가야 할까요. 생명을 향해 가야 합니다. "나는 길이요 진리요 생명이니" 이 말씀처럼 예수님을 따라가면 우리는 천국에 갈 수 있어요. 이 생명과 다른 것을 좇는다면 우리는 생명을 얻지 못합니다.

오늘 장황한 금붕어 이야기에서 시작했지만, 제가 하고 싶은 말은 이겁니다. 나는 세례받고 기독교인이 된 줄 알았는데, 이제 와서 생각해보니 금붕어 세 마리를 살렸던 그 50년 전에 이미 나는 크리스천이 되어 있었다.

여러분도 그 금붕어가 나와 같다는 것을 알아야 합니다. 금붕어가 인공적으로 변경된, 문명화된 물고기라는 것을 알고, 어항 속의 금붕어처럼 보이지 않는 유리 속에 갇혀 나오지 못하는 처지를 고민하며 앞으로의 삶을 결정지어야 합니다.

마지막으로 「미친 금붕어」라는 시를 읽고 마무리하겠습니다. 이 시의 '어머니'는 예수님, 하나님, 혹은 문자 그대로 어머니를 떠올리면 실감이 날 거예요.

어머니 저는 금붕어들이 미쳤으면 합니다

날치처럼 어항에서 튀어나와 일제히
양자강 넓은 하류에 흐르는 강물로
노자가 말한 소리 없이 흐르는 강물로
어머니 저는 금붕어들이 지느러미를 세우고
하늘을 날았으면 좋겠습니다

어머니 저는 금붕어들이 미쳤으면 합니다
옛날 낚싯바늘에 걸려 팔딱거리던
붕어였으면 합니다
그물을 찢고 강으로 되돌아가는 힘센 붕어였으면
좋겠습니다

어머니 금붕어에 밥을 주다가 녀석들이 이빨로
내 손가락을 물었으면 좋겠습니다
그 큰 눈이 하늘을 향해 있는 것을 보면
어느 날 몰래 어항을 깨고 용처럼 승천하려는
음모를 꾸미고 있는 것 같습니다

정말 그런 날이 오면 저는 어머니
모른 척하고 문을 열 것입니다

넌 빨래를 걷으라고 아내에게 이를 것입니다

금붕어들의 자유로운 비상을 위하여
나의 비상을 위하여.

여러분들이 옛날 그 자유로운 강물 속을 유영하던 붕어가 되어서 끝없이 하늘로 비상하는 크리스천이 되기를 바랍니다.

크리스천은 지혜의, 지식의 끝에 열리는 것이지, 무지한 마술 같은 것에 의해 되는 것이 아닙니다. 그러기 위해서는 여러분이 어떤 과학자보다도 더 과학적 성찰을 해야 하고, 어떤 예술가보다도 더 감성적인 예술의 열정을 가져야 합니다. 그럴 때 비로소 유리벽이 깨지면서 승천할 수가 있습니다.

나는 나이가 많아서 내일을 기약할 수 없지만, 모두 건강하시고 여러분의 내일이 하나님의 충만한 은총 속에 있다는 것을 기억하시기 바랍니다.

~~~

— 박사님이 쓰신 글 중에 눈물이 확 배었던 글이 있었습니다. "로또에 천 번 당첨되는 일과 같은 우연이 바로 내 삶에서 일어났다." 그렇기 때문에 하나님을, 그 존재를 부인할 수 없었던 것이겠지요. 다시 말하면 '은혜'라고 표현할 수 있을 것 같습니다.

선생님께 몇 가지 질문을 드리겠습니다. 먼저, 선생님께서 가지고 계신 비전이나 꿈이 있을까요? 현재 대한민국 사회에 가장 필요한 것은 무엇이라고 생각하세요?

"지금 내가 제일 두려운 것이 나의 비전이 무엇인지, 내가 어떤 꿈을 가지고 있는지 묻는 거예요. 그것을 알고 있다면 내가 그렇게 열심히 많은 책을 쓰겠습니까? 사실 아직도 모르겠어요. 하지만 이렇게 답변할 수 있겠습니다.

내 남아 있는 생 가운데 '이게 정말 사랑이다, 이게 정말 살아 있는 거다' 하는 생명과 사랑을 찾는다면, 혹은 그런 감동을 느낄 수 있다면 나는 내가 여태까지 살아온 삶을 후회하지 않을 것입니다.

그것이 나라를 위한 것인지, 가정을 위한 것인지, 내 명예를 위한 것인지는 몰라도, 이 세상에서 단 한 번이라도 정말 순수한 사랑, 내가 대신 십자가에 못 박힐 수 있는 열

렬한 사랑을 하게 된다면 '나는 살아 있다, 이게 생명이다'라고 외칠 겁니다.

솔직히 얘기해서 지금까지 그런 사랑은 못 해봤습니다. 나는 몸으로 그런 사랑을 할 수 있는 사람이 아니기 때문에, 근처에서 약간 들여다보고 책으로 읽은 게 다예요. 그래서 죽기 전에 내 책에 쓴 그것들을 체험하고 아르키메데스처럼 발가벗은 채 '발견했다, 나는 생명과 사랑을 발견했다' 외칠 수 있는, 그런 유레카의 순간을 맞이하는 것이 나의 비전이자 내가 마지막 삶을 살아가는 꿈입니다. 그런데 나는 아무래도 옷 입고 뛰어나갈지는 몰라도 발가벗고 뛰쳐나갈 자신은 없어요(웃음)."

―『지성에서 영성으로』를 쓰셨던 몇 년 전의 교수님의 삶과 지금의 삶에 많은 변화가 있었던 것 같습니다. 영하 40도의 추위와 불타는 삶, 그런 시련과 고난을 겪으면서 하나님과의 관계에 있어서 혹은 삶에 있어서 어떤 구체적인 변화가 있으셨나요? 그 시기를 견딜 수 있었던 힘은 무엇이었나요?

"아주 간단해요. 내가 머리에 물들이다가 물 안 들이고 백발을 있는 그대로 드러냈어요. 그게 변화예요. 옛날에는 젊게 보이려고 머리에 밤낮 물을 들여 나를 꾸몄어요. 물론 지금도 물들일 수 있습니다. 하지만 이렇게 내 생긴 그대로의 백발을 여러분들 앞에, 특히 이렇게 방송에서 있는 그대로 내보일 수 있을 만큼 나는 많이 변했습니다. 그전에는 물들인 삶이었는데, 이제는 물 안 들인 늙은 모습의 나를 있는 그대로 보여주고 있지요. 이게 가장 큰 변화입니다."

— 최근에 인터넷에서 박사님의 글 한 편을 보았습니다. 「나에게 이야기하기」라는 글로, 내용은 이러합니다.

너무 잘하려 하지 말라 하네
이미 살고 있음이 이긴 것이므로

너무 슬퍼하지 말라 하네
삶은 슬픔도 아름다운 기억으로 돌려주므로

너무 고집부리지 말라 하네
사람의 마음과 생각은 늘 변하는 것이므로.

"나도 저 시가 인터넷에 내 시라고 돌아다니는 걸 봤어요. 그런데 어때요? 내 시 같습니까? 저건 내가 쓴 게 아니에요. 참 좋은 시인데, 나는 저런 교훈적인 시는 안 씁니다. 내 이름으로 돌아다니니까, 읽는 사람들은 이 아무개의 것이다, 생각하는 것이지요. 내가 하지 않았는데 내 이름으로 돌아다니는 게 얼마나 많은지……. 오늘날과 같은 인터넷 세상, 미디어가 많은 세상을 살아가면서, 내 이름을 가지고 내 진짜 모습을 가지고 여러분에게 다가가도 그 거리가 더 멀게만 느껴지고, 그 사이에 더 차가운 차단이 있음을 실감합니다.

사막에서 목이 타본 사람만이 물의 소중함을 알 듯이 소통의 외로움, 소통하지 못하는 젊음 속에서 애타게 구하는 마음이 없으면 하나님은 절대 들어주시지 않습니다. 구하면 주신다고 했지, 가만히 있어도 준다는 말씀은 절대 안 하셨어요.

흔히 여러분이 구하는 것은 소통이 아닌 물질적 풍요입니다. 그런데 이 세속의 모든 권력과 돈으로도 얻을 수 없는 것을 원하고 구할 때, 그때 하나님이 주시는 거예요. 그중의 하나가 바로 생명이죠. 어느 누구도 우리의 생명을 한 치도 더 늘리거나 줄일 수 없습니다. 백약을 쓰고 별짓을 다 해도 못 해요.

내 딸 생각하면 지금도 가슴이 미어지지만, 죽음 앞에서 참 의연하게 맞섰습니다. 모든 사람이 죽음 앞에서 살려달라고 무릎 꿇고 애걸할 때, 그 아픔 속에서도 당당하게 자기 죽음과 맞서며 기쁨의 노래를 불렀어요. 그래서 내가 그랬습니다. '너는 죽음을 이긴 자다.'

죽는 그 순간까지도 아프다는 소리 한 번 안 하고 교회에 나가서 말씀을 전했습니다. 나도 그런 성격이지만, 30분 얘기하라는데 두 시간 세 시간을 이야기해요. 목사님이 그만하라고 하면 '내가 충만해서 이야기하고 하나님을 영접하는데 한두 시간이 대수냐'고 했어요.

딸의 눈이 완전히 멀기 전에 나를 보여주려고 찾아갔습니다. '네가 눈이 어두워지면 내가 웃는 것도, 사랑을 담아 너를 보는 것도 못 본다. 그러니 눈이 멀기 전에 아빠 봐라.' 그러고는 딸에 대한 사랑 하나만으로 딸을 구하기 위해 믿지 않으면서도 처음으로 하나님께 엎드려서 빌었습니다. 사람 많은 곳에는 가지 않는 내가 하와이 원주민들이 모인 틈에 들어가서 한 번만 도와달라고 무릎을 꿇었어요. 그리고 약속했습니다. '어떻게든 이 아이 눈만 고쳐지면 모든 여생을 하나님께 바치겠습니다.'

원망도 많이 했습니다. '하나님, 기적이라는 게 뭡니까? 살아서 서로 얼굴 보고 기뻐하는 것, 이런 것이 기적 아닙니까? 이 아름다운 우주를, 자연을 만들어놓으시고 왜 앞 못 보는 인간을 만드셨습니까? 딸아이 눈만 뜨면 다 바치겠습니다.'

그랬더니 정말 눈을 뜨는 겁니다. 한국에서 정밀검사를 했더니 찢어진 적도 없고, 망막이 박리된 흔적도 없답니다. 영어를 잘 못해서 의사 말을 잘못 알아들었을 거라더군요. 미국에서 검사, 변호사 하던 사람이 영어를 못 알아들을 리 있겠습니까?

그런 의사의 말에도 딸아이는 그저 '아빠, 내 눈이 흔적도 없이 나았대' 하며 너무 좋아하는 겁니다. 눈이 멀지 않아서가 아니라 증거하시는 하나님이 정말 있구나, 하는 확신을 얻어서 두려움도 외로움도 사라져버린 것이지요.

그러나 기독교를 안 믿는 나는 그 소식을 듣는 순간 가슴이 터질 듯이 기쁘면서도 동시에 나락으로 떨어지는 기분이었습니다. '아이고, 나 죽었다. 이제 예수를 믿어야겠구나. 괜히 맹세했다.' 그러고는 꾀를 살살 부리며, '이제 따님이 나으셨는데, 그래도 안 믿으시겠어요?'라는 하용조 목사님의 물음에도 '하나님이 정말 계시다면 우리 딸만 고쳐주어서 되겠습니까? 이 세상의 앞 못 보는 사람들의 눈이 다 뜨이지 않는 한 나는 안 믿습니다' 했습니다. 그때 목사님이 따님이 죽기 전에는 절대로 예수를 안 믿으실 분이군요, 하고 굉장히 절망을 하셨습니다.

그런데 그다음 날 너무 기뻐하는 딸아이를 보고 있는데, 내가 지금 세례받겠다고 하면 오늘이 딸에게 세상에서 제일 아름답고 행복한 날이 되겠구나 싶은 생각이 들더군요. 그러면서 나도 모르게 '나 세례받는다' 소리가 나왔습니다. 그러니까 얘가 하용조 목사님한테 가서 얘기하고, 목사님이 예배 시간에 말씀하시니 마침 그 자리에 있던 기자 하나가 '한국의 대표지성, 드디어 예수님 앞에 굴복하다'라며 크게 기사를 내보낸 것이지요.

내가 이 장황한 얘기를 하는 이유는 이겁니다. 예수님을 영접했지만 내가 정말 마음에서 우러나와서 영접하고, 스스로 크리스천이라고 할 만큼 지성의 문턱을 넘어 영성의 세계로 들어갔는가, 하나님의 음성을 들을 만큼 내가 변했는가. 그렇지 않다는 거예요. 사람은 그렇게 쉽게 변하지 않습니다.

내가 지금 영성이 어떻고 기도를 드리면 어떻고 거짓말을 할 수는 없어요. 다른 것에는 거짓말을 해도 신앙 앞에

176

서는 거짓말할 수 없습니다. 나는 지금도 시련을 겪고 있어요. 머리 수술을 할 때도 '왜 나한테 이런 고통을 주십니까? 약속대로 당신을 위해 이 책을 쓰고 있는데, 도와주지는 못할망정 왜 석 달 동안 아무것도 못 하게 막으십니까?' 원망했어요.

아까 얘기한, 편한 곳에서는 느낄 수 없는, 시련 속에서 얻어지는 영하 40도의 사랑을 머리로 느낀 것이지, 정말 마음으로 느껴서 '하나님, 저에게 시련 주셔서 감사합니다. 또 한 번 내 머리 좀 고쳐주세요' 기도드리지는 못한다는 겁니다. 지금 기도드리면 거꾸로 드리죠. '하나님, 내가 겨우 당신을 믿겠다는데 왜 사랑하는 사람들을 다 빼앗아 가십니까? 왜 이렇게 큰 상실감을 주십니까? 나쁜 짓할 때는 가만히 계시더니 좋은 일하며 살겠다는데 왜 이러십니까?'

오늘 같은 때도 그래요. 내일 전주 내려가야 하는데 차마 거절하지 못하고 방송에 출연했습니다. 무리하면 언제 재발할지 몰라요. 차라리 내가 나쁜 짓하고 방송 안 나오고 전주에 안 가면 더 편안한 날을 보낼 수 있을 텐데, 하나님이 나를 계속 코너로 몰아넣으시는 거예요. 그럼 나는 안 들어가려고 발버둥 치죠. 오죽하면 내가 주기도문 할 때 '시험에 들게 하지 마옵시고'를 제일 큰 목소리로 외우겠습니까.

나는 '욥기' 읽는 게 제일 두려워요. 하나님이 욥처럼 시험하면 난 못 견딥니다. 나는 강한 사람이 아니에요. 오죽하면 내가 영하 40도의 사랑을 쓰겠어요. 남들이 다 봄볕에서 주님을 찬양할 때 영하 40도 속 황제펭귄들의 눈물을 축복이라고 쓰겠어요. 우리에게는 원죄가 있어요. 지혜를 갖는 것, 지식을 갖는 것, 뭔가 창조할 수 있다고 생각하는 휴먼 프라이드human pride. 끝없는 유혹에 넘어가는 존재이기에 이런 것들로부터 우리는 끝없는 고통을 겪어야 해요. 이 고통을 겪지 않고는 주님 곁에 가지 못하도록 운명 지어졌다는 것이 억울하고 슬프고 원통하지만, 그게 우리의 길이라는 것을 받아들이고 감수할 때 구제되는 겁니다. 그런데 이 난제를 오늘날 누가 받아들이겠습니까.

예수님의 제자인 베드로가 닭이 울기 전에 예수님을 세 번 부정합니다. 예수님을 모른다고 하잖아요. 그게 인간이에요. 전부 성자가 돼서 예수님처럼 살면 예수님이 뭐 하러 여기 내려오셨겠어요. '너희들은 약한 자이고, 끝없이 맹세하면서도 끝없이 배신하는 자이니, 할 수 없이 내가 너희들의 죄를 대신 짊어지고 가겠다.' 아들이 잘못하면 아버지가 그러잖아요. '네 죄를 내가 쓰겠다.' 그게 사랑이에요.

앞서 '삶이 변하는 시간'의 '삶' 자를 통해 이야기했듯이, 인생을 겉으로 봐서는 모르지만 조금만 다른 시각에서 보면 하나님이 숨겨둔 많은 문자, 구제의 길을 발견할 수 있습니다. 그러니 오늘 내 강연에서 무엇을 얻으려 하지 말고, 내가 삶에서 사랑과 사람을 찾았던 것처럼 여러분도 가슴으로 생각하는 마음을 가지시기 바랍니다. 감사합니다."

─ 오늘 이어령 박사님의 말씀은 예수님의 본성에 관한 것이고, 예수님이 이 땅에 오신 뜻에 관한 것입니다. 예수님이 이 세상에 오셔서 보여주고 싶어 하셨던 것은 하나님 아버지의 모습, 성품, 사랑이었습니다.

「요한복음」 13장 34절에 "새 계명을 너희에게 주노니 서로 사랑하라"라고 하셨어요. 이 사랑이 바로 주님의 존재 방식입니다. 거기서 풀어진 것은 모든 것을 풍요하게 하고, 채워지게 하고, 선순환되게 하고, 살게 하는, 피조물도 살고 사람도 살고 다 살게 하는 것입니다. 저는 박사님의 말씀을 들으면서 「마태복음」 5장의 산상수훈이 떠올랐어요. 주님께서 아주 특별한 말씀을 하셨습니다.

"너희는 내가 율법이나 선지자를 폐하러 온 줄 아느냐. 아니다, 완성하러 온 것이다. 너희는 살인하지 말라 하는 말을 들었으나 내가 너희에게 말하노니 형제에게 노하지 말라. 어리석고 한심해 보이는, 돈벌이조차 제대로 못 하는 형제일지라도 상처 주지 말아라."

따님이신 이민아 목사님이 돌아가시기 전에 친하게 지냈어요. 언제 제가 아버님은 어떠시냐고 물었더니 평생 아버지 마음 아프게 했다면서, 딸 살리겠다고 아버지가 직접 손잡고 사방으로 데리고 다닌 이야기를 해주셨어요.

아까 박사님이 손주를 잃었다고 하셨는데, 이민아 목사님의 아이였어요. 이민아 목사님이 『땅끝의 아이들』에 이렇게 쓰셨어요.

그런데 아이를 가슴에 묻고 나니까 그때 저에게 중요한 것이라고는 이 아이 영혼이 영원히 산다는 것, 이 아이가 죽어도 죽지 않겠고, 영원히 산다는 것, 이 아이에게 예수님이 있었다는 것, 예수님 말고는 아무것도 저를 위로할 수가 없는 거예요. 다른 것들은 아무런 의미가 없는 거예요. 그때 제가 진짜로 예수님을 만난 것 같아요. 진짜로 예수님이 나의 모든 것이 돼주셨던 것 같아요. 저희 아버님에게는 그것이 저보다 더 힘들었을 거예요. 그래서 이제는 아버님이 예수님 안 믿으시겠구나, 한동안은 신앙의 위기가 오겠구나 생각하고 계속 기도를 했는데 놀라운 것은 저희 아버님이 그 와중에서도 예수님과 한 약속, 우리 딸 눈을 고쳐주시면 하나님이 당신에게 주신 재능을 하나님을 위해 쓰겠습니다, 하신 그 약속을 끝까지 지키시더라구요. 그때 제가 마르다가 돌을 치우는 것을 생각했어요. 따지더라도 순종하기만 하면 되는, 그 겨자씨만 한 믿음. 아, 하나님이 그때 말씀하신 것이 저것이구나.

사실 죄송한 말이지만 저는 아버지를 그다지 존경하지 않았었어요. 우리 아버님한테 불만이 참 많았어요. 아버님이 글 안 쓰고 유명하지 않아도 좋으니까, 돈 많이 벌지 않아도 좋으니까, 내가 그냥 학교에서 돌아와서 아빠 하고 뛰어오면, 내가 그날 학교에서 상을 받으면, 저는 선생님도 아니고 엄마도 아니고 누구 칭찬도 아니고 아빠 칭찬이 받고 싶은 거예요. (『땅끝의 아이들』, 207~208쪽)

이민아 목사님은 아버지를 굉장히 좋아했어요.

그런데 최근에 아버지가 나를 사랑하신다는 것을 깨닫게 되고 한 인간으로서도 존경하게 되었어요. 꼭 내가 원하는 기독교인이 되어서 그런 것이 아니라, 고뇌의 한복판에서 제 아버님이 약속을 지키시더라구요. 내가 사람하고 한 약속도 지키는데, 하나님하고 한 약속을 안 지키면 되냐. 아버지는 믿음이 없이 이것을 하는 것이 굉장히 괴롭다고 하시지만 저는 그것이 하나님에게 바쳐지는 산제사라고 생각해요. 제사보다 하나님을 더 기쁘게 하시는 순종이라고 생각해요.

한 인간으로 우리 아버지를 좋아하고 존경하고 사랑하게 되었어요. 제가 아는 어떤 기독교인들보다 저는 아버지의 신앙을 사랑합니다. (『땅끝의 아이들』, 209쪽)

이 박사님의 『지성에서 영성으로』 마지막을 보면 '그럼에도 불구하고'라고 결론을 맺으십니다. 다시 말하면 '그리 아니하실지라도'.

이민아 목사님이 이루고 싶었던 꿈이 다음 세대인 청년, 청소년에 관한 것인데, 앞으로 살아 계시는 동안 그 사명을 아버지께서 이루고 가시면 더 멋질 것 같습니다. 그리고 천국에 도착하는 순간, 제 생각에는 천사가 아닌 이민

아 목사님이 먼저 나와 계실 것 같아요. 그날, 그 소중한
날 우리가 바라봅니다, 믿음으로.

5

내가 매일 기쁘게

* CTS, 〈내가 매일 기쁘게〉, 2019년 2월 5일 방송

— 오늘 〈내가 매일 기쁘게〉는 아주 귀한 분을 만나기 위해 오랜만에 스튜디오를 벗어나 장소를 옮겼습니다.

평소 언론을 통해서, 책을 통해서 우리에게 많은 것을 깨우쳐주시는 이 시대 최고의 지성. 전 문화부장관, 문학평론가, 언론인 등 많은 수식어를 가지고 계시지만, 그 무엇보다도 가장 기쁨으로 소개해드릴 것은 하나님의 자녀가 되셨다는 겁니다. 지금은 하나님과 동행하고 계시는 이어령 선생님을 만나보겠습니다.

선생님, 안녕하세요. 요즘은 어떻게 지내고 계시는지 궁금합니다. 하루 일과가 어떻게 되세요?

"옛날이나 지금이나 다를 것이 없어요. 책 읽고 글 쓰고 연구소도 가끔 나오며 지내고 있습니다. 옛날에는 발에 불이 붙을 정도로 돌아다녔지만, 다행인지 불행인지 몸이 편치 않고부터는 사색하고 글 쓰는 시간이 더 많아졌어요."

— 언론을 통해서도 공개가 됐지만, 투병 중이시라고 들었습니다.

"뜬금없는 얘기지만, 영어로 건강을 헬스health라고 하고, 병 고치는 것을 힐링healing이라고 합니다. 병과 건강은 반대말이지만, 힐링과 헬스는 같은 라틴어에서 갈라진 것이지요.

'건강'이라는 말은 '병'을 전제로 한 것입니다. 그 말은 곧 '병'이 없으면 '건강'이란 말도 없다는 것이지요. 결국, 요즘 건강하십니까, 묻는 것은 요즘 병드셨습니까, 하고 묻는 것과 같다고 할 수 있습니다."

— 맥이 같네요.

"'건강하다'는 개념은 항상 병을 전제로 한 것이고, 우리는 이 병을 힐링해서 건강해지고 싶어 합니다. 이 양극을 왔다 갔다 하는 것이지요.

나도 이전에는 '건강한 나', '병든 나'라는 의식이 없었어요. 의사가 '너 암이야' 하고 병이 생기는 순간, 건강이 생기면서 건강한 나와 병든 나가 분열되어버린 것이지요. 그 사이를 시계추처럼 왔다 갔다 하고 있는 겁니다.

그러니 방금 한 질문에는 둘 다 같은 말이기 때문에 건강하다고 할 수도 없고 병들었다고 할 수도 없다고 답할 수 있겠네요."

— 혈색도 좋으시고, 말씀하실 때 보면 힘들어 보이지 않으세요.

"지금 내가 걸어 다니는 것, 차 타고 멀리 가는 것, 이런 정상적인 것을 다 못 해요. 그런데 대학 졸업하자마자 고등학교 교사부터 시작해서 60년 가까운 세월을 강의하며 보냈다보니 말할 때는 아픈 것도 잊어버리는 겁니다. 건강하면 작게 소리 내도 되는데, 힘이 달리니까 소리를 질러요. 아무것도 모르는 사람들은 아주 열정적으로 강의했다고 하지만 그때가 제일 아플 때입니다.

지금도 말을 시작하면 두세 시간도 해요. 열중할 때는 내가 건강하다, 병이 있다, 이런 것을 생각하지 않으니까 건강도 병도 사라지는 것이지요. 그러고 나서 집에 가면 다운되는 거예요. 비유하자면, 전쟁터에서 총에 맞은 군인들이 피 흘리면서 싸우다가 누가 와서 총 맞았다고 하면 그제야 어, 하고 쓰러지는 것과 같습니다. 글 쓰고 말하는 동안에는 총탄에 맞고도 계속 돌격하는 군인과 똑같은 거죠. 누구나 그렇습니다."

— 혹시 암 선고를 받기 전에 죽음에 대해 생각해본 적이 있으신가요?

"여섯 살 여름 대낮에 보리밭, 옥수수밭 있는 시골에서 혼자 굴렁쇠를 굴리다가 아무도 없는 벌판에 햇빛이 쏟아지는 걸 보고 나도 모르게 눈물을 쭉 흘렸어요. 그날 왜 울었는지 몰라서 내가 여태 그 기억을 잊지 못합니다. 집안에 누가 돌아가신 것도 아니고 친구랑 싸운 것도 아닌데, 그 여름에 내가 왜 울었겠어요. 그게 영성이죠.

인간은 태어날 때 죽음과 함께 태어나요. 죽음을 생각해보신 적 있냐고 물었지만, '생명을 생각해본 적 있나요?'

로 바꿔보세요. 살아 있다는 것은 죽음을 전제로 하는 말입니다. 우리가 글 쓰고 그림 그릴 때 아무것도 없는 하얀 종이, 백지에 그려요. 그래야 빨강, 검정 같은 색색깔이 다 드러납니다. 흰 종이가 무無, 죽음이라면 거기에 죽음이 있기에 생이 나타나는 것이지요. 사람들은 생生 따로 죽음 따로 있는 줄 아는데, 우리가 태어날 때 생이 함께 태어나는 겁니다. 까칠한 기저귀를 타고 죽음과 생명이 함께 오는 거예요.

실제로 나는 어머니가 주무시면 코밑에 손을 대봤어요. 어머니께서 돌아가셨나, 살아 계시나. 그렇게 어렸을 때부터 '메멘토 모리', 죽음을 생각하면서 생명을 느꼈던 것이지요."

— 굴렁쇠를 굴리며 흘린 눈물은 기쁨의 눈물이었을까요?

"'기쁨'이라는 말이 없으면 '슬픔'이라는 말도 없어요. 생명의 기쁨을 느끼는 순간에도 기쁨은 슬픔과 함께하죠.

비약하는 얘기지만, 내가 기독교인이 된 가장 큰 이유는 슬프기 때문이에요. 기쁨은 늘 슬픔 속에 있고, 슬픔은 늘 기쁨 속에 있죠. 예수님이 우리 때문에 얼마나 슬퍼하세요? 우리도 예수님 보면 눈물 나잖아요. 그 속에 기쁨이 있는 거예요. 예수님이 행복하면 우린 예수님 못 믿어요. 슬픔 속에 구원의 기쁨이 있기 때문에 죽음 속에서 생명을 발견하는 것이지, 죽음을 모르면 살아 있다고 할 수 없습니다.

그래서 요즘을 '죽음이 죽어버린 시대'라고 하는 겁니다. 옛날에는 죽음이 무엇인지 알아서 사람이 악한 것에도 한계가 있었는데, 요즘은 자기가 죽지 않을 거라고 생각하기 때문에 한계 없는 무한 악이 넘쳐나는 거예요. 죽음을 남의 일이라고 생각하는 것이지요. 그렇기 때문에 죽음을 모르는 사람이 정치를 하면 독재자가 되고, 돈을 벌면 수전노가 되는 겁니다. 죽을 때 그 돈 가지고 가지 않잖아요. 결국 죽음이라고 하는 것은 인간을 겸손하게 하고, 그 속에 숨어 있는 아주 소중한 기쁨을 느끼게 하는 것입니다."

— 어떠한 계기로 하나님을 만나게 되셨나요?

"제가 교인이 된 지 벌써 10년이 됐어요. 그 사이에 하용조 목사님이 돌아가시고 내 딸이 세상을 떠나니까, 그런 걸 보면서도 예수님을 믿느냐고 묻는 사람들이 더러 있습니다.

그렇게 불행한 일을 겪었는데도 하나님을 믿느냐고…….

딸이 은총 받고 나을 때는 그것을 보고 '이건 기적이다' 하고 믿었는데, 하 목사님과 딸이 죽는 것을 보면서 죽음과 하나님은 관계가 없는 거구나, 싶을 때가 있었습니다. 사실 다윈도 독실한 기독교 집안에서 태어났는데, 딸을 잃고 생사는 하나님과 관계가 없다고 느끼면서 무신론자가 되었지요.

제가 세례받을 때 이렇게 질문하는 기자도 있었어요. '천당의 길이 열렸으니 얼마나 기쁘십니까. 죽음까지도 다 가지려고 하시니, 욕심도 많으십니다.' 그때 내가 솔직하게 말했어요. '내 앞에 문이 열렸지만 그것이 우리가 흔히 말하는 행복의 문인지 불행의 문인지 모르겠습니다. 욥을 보세요. 그렇게 하나님을 잘 섬겼는데도 끝없는 재앙을 당해 절망에 빠지지 않습니까.' 나는 세례를 받으면서 행복이 아니라 내가 욥처럼 될까봐 걱정했습니다. 내 주변 사람들이 불행해지고 나도 불행해지면 어떡하나.

나는 주기도문을 외울 때 '시험에 들게 하지 마옵시고'를 가장 강력하게 말해요. 약한 사람이라 시험에 들면 못 견디거든요. 다른 사람들은 내가 천당 가고 행복해지려고 예수님 믿는 줄 알지만, 성서 어디에도 그런 구절은 없습니다. 너희들이 내 이름을 대면 어디를 가든지 핍박받는다고 했지, 나를 믿으면 이 세상에서 부귀영화를 누린다는 말은 단 한마디도 없어요. 그렇기 때문에 돈 잘 벌고 장사 잘될 것을 기대하고 교회에 온 사람들은 잘못된 것이지요.

인간은 약한 존재인데 어떻게 예수님처럼 follow me, 하며 살 수 있겠어요. 행복하면 인도하심이 왜 필요하겠어요. 내 힘으로는 내게 닥친 불행을 극복하지 못하니까 끌어달라는 거예요. 가령, 젊어서 논설위원이 됐다, 대학교수를 했다, 책이 베스트셀러가 됐다, 거기에 만족하면 뭐하러 예수님을 믿어요. 그것이 다 헛되고 헛되다는 것을, 행복이 아니라는 것을 아니까 예수님을 믿는 거죠. 우리 딸의 모습을 보고 저게 내가 가야 할 길이구나, 생각하면서도 내가 편안해질 것, 행복해질 것을 기대하고 하나님을 믿었다면 지금쯤 나는 하나님을 원망하고 있었을 겁니다.

그런데 예수님도 돌아가시기 직전에는 '엘리 엘리 라마 사박다니', '주여 저를 버리시나이까' 외치세요. 그러면서도 하나님의 뜻이라면 That's Ok. 나는 할 일이 더 있어 지금이 때가 아닌 줄 알았는데, 이것이 하나님이 내게 정해주신 길이라면 내가 믿고 그렇게 하겠습니다. 그러고는 C'est fini, 다 이루었다, 하고 아주 행복하게 돌아가시잖아요.

우린 그럴 수 없는 거죠. '엘리 엘리 라마 사박다니'가 우리의 마지막 말이 돼버리니까 슬픈 거죠. 하나님, 내가 이렇게 열심히 했는데 나를 여기 버리시나이까. 버리는 게 아니에요. 그 사람이 병에 걸렸어도 기독교를 믿었기 때문에 다른 사람과는 다른 방식으로 죽는 겁니다. 버리는 신이 있다는 게 어디예요. 그것조차 없이 죽은 사람들을 생각해보세요.

아버지가 나를 버렸다는 사람은 고아가 아니에요. 죽으면서도 아빠, 엄마 소리 못하는 아이가 진짜 불쌍한 애예요. 옛날에 미국 갈 때 입양되는 고아들과 같은 비행기를 탄 적이 있어요. 이 아이들은 부모를 모르니까 엄마, 아빠 소리를 할 줄 몰라요. 그저 '언니', '누나' 하고 우는 거예요. 사실 내가 남 앞에서는 절대 안 우는데, 그때 그걸 보고 눈물이 났습니다. 옆에 알아보는 사람들도 있는데, 우는 게 왜 그렇게 창피한지 모르겠어요. 눈물 없는 시대에 울 수 있다는 건 자랑스러운 건데…….

— 성경은 언제부터 읽으셨어요?

"아주 어렸을 때부터 읽었어요. 목사님하고 싸우려고.

나는 악동이에요. 완전히 청개구리였죠. 학교 가면 선생님하고 싸우고, 이웃동네 애들하고 싸우고, 커서는 저항의 문학 쓰고. 그래서 내 별명이 쌈닭이었어요."

— 목사님과는 왜 싸우셨어요?

"내가 이런 얘기를 잘 안 하는데, 오늘 그냥 얘기를 하죠. 후회하는 셈치고.

내가 교회를 다닐 생각이 전연 없었어요. 죽음이라는 걸 아주 일찍이 깨달았습니다. 내가 쓴 『하나의 나뭇잎이 흔들릴 때』라는 책을 보면 전부 죽음에 관계된 거예요. 어렸을 때의 글인데도. 어머니가 일찍 돌아가셔서 나한테는 죽음이 트라우마입니다. 항상 죽음이 내 곁에 있는 거죠. 그러니까 생명이 뭐다, 산다는 게 뭐다, 하며 치열하게 살 수 있었던 거예요.

그런데 중학교 2학년이었나 중학교에 막 들어갔을 때였어요. 내가 좋아하던 애가 교회를 다니는 겁니다. 그 친구가 교회 합창단이었던가 봐요. 그래서 그 애를 보려고 교회에 간 거죠. 남자애들 대부분이 그래요. (웃음) 그렇게 그 친구 따라 교회 합창단에 들어가서도, 나는 노래를 못하니까 관심을 끌기 위해 목사님이 질문하라고 하면 멋있어 보이려고 질문을 하는 겁니다.

'세상에 가인과 아벨 둘만 있었을 때 가인이 아벨을 죽였다면 가인 한 사람밖에 없었을 텐데, 가인이 하나님께 만나는 사람들마다 나를 박해하면 어떡하느냐고 물었다는 건 가인과 아벨 말고 다른 사람들이 더 있었다는 건가요?'

줄곧 크면서도 나는 그것을 이성, 지성이라고 생각했어요. 그 후에 도스토옙스키, 릴케, 톨스토이 등의 문학작품을 읽으면서 내가 성경을 잘못 읽고 있었다는 걸 깨닫게 된 것이지요.

성경은 사실대로 기록했기 때문에 구멍이 있어요. 성자인 베드로가 예수님을 배신한 것도 그대로 넣어놨잖아요. 다른 경전 같으면 불리한 건 빼줍니다. 그 장면을 없애고 마리아 대신 베드로가 부활하신 예수님을 처음 만났다, 이렇게 써놓았을 거예요. 베드로가 반석이고, 예수님의 수제자니까. 그런데 성경을 보면 베드로가 형편없이 나와요. 말고의 귀를 자르고, 닭이 세 번 울기 전에 맹서를 하면서 예수님을 부인하고. 맹서를 했다는 건 막말을 했다는 얘기예요. '……하면 내가 성을 간다, ……하면 뭐다'처럼 아주 심한 말을 한 거죠. 그러니까 예수님이 돌아가시고 나서 '나는 틀렸다, 고기나 잡자' 하고 고향으로 되돌아가잖아요.

이렇게 성경에 이상한 말들을 그대로 남겨두었기 때문에 내가 믿는 겁니다. 인간의 말이 아니에요. 인간의 머리로는 생각하는 데 한계가 있지만, 고도한 신학적 의미로 보면 모든 게 풀리는 것이지요.

하나님의 첫 번째 창조는 시간이에요, 7일. 첫째 날, 둘째 날, 셋째 날, 넷째 날. 그걸 클러스터cluster라고 하는데, 시간을 분절해주신 겁니다. 그게 코스모스cosmos고, 질서예요. 그룹을 만들어준 것이지요. 몇 째 날 만들어진 너는 새, 너는 뭐…… . 크게 보면 진화론과 다를 게 하나도 없어요."

— 방주는 어떻게 설명할 수 있을까요?

"방주는 공간적으로 푸는 겁니다. 칸막이로 너는 포유류, 너는 초식동물, 너는 뭐, 이렇게 나누면서 노아의 방주 속에 우주의 모든 것을 집어넣은 것이지요. 마치 007 가방처럼. 방주가 아라랏산에 닿았다는 것은 이 공간을, 우주의 시간을 플러스 공간으로 구별한 겁니다. 기호학을 한 나에게 제1창조는 시간 분절, 제2창조는 공간 분절이 되는 것이지요. 오히려 텍스트로 읽기만 하면 시처럼 안 맞는 말이 어디 있겠어요.

'분수처럼 흩어지는 푸른 종소리.'

종소리가 생명체도 아니고, 푸른 게 어디 있고 까만 게 어디 있습니까. 그런데 이걸 공감각으로 풀어내면 기가 막힌 시예요. 문학 하는 사람들은 어떻게 종소리를 분수처럼 흩어진다고 표현했냐며 감동할 겁니다. 그런데 성경은 그렇게 감동하면서 읽는 것이 아니라 신앙심으로 읽잖아요. 그래서 저는 거기에 제 역할이 있다고 생각한 겁니다.

신도가 많고 신앙심 많은 사람들이 모일수록 나는 예수님이 참 외로울 것 같아요. 그래서 바닥에 질질 끌려 흙이 묻은 예수님의 옷 끝자락을 잡아주는 역할을 내가 하고 싶어요. 다들 하나님의 영광만 찾지, 땅바닥에 끌려 찢어진 그 옷자락을 누가 잡아주겠어요. 내가 한 번 잡아드리자. 왜? 내가 문학 할 때 그 외로움과 비슷할 것이다. 몇천 배 더할 것이다.

나는 지금도 예수님을 생각하면, 위대하고 힘 있는 예수님보다 슬퍼하시는 예수님이 떠올라요. 그러니까 나라도 예수님의 도움을 받는 것이 아니라, '예수님 나 여기 있어요. 제가 할 일 있어요?' 하는 심부름꾼이 되고 싶은 것입니다. 슬픔 속에 기쁨이 있고 죽음 속에 생명이 있다는 것을 이야기해 줄 사람이 너무 없어요.

내가 제일 감동했던 것이, 제자들이 엠마오로 가는 길에 동행자가 있어 이야기를 나누었더니 예수님이었다는 내용이에요. 솔직한 얘기로 유대 분이시고, 몇천 년 전 사람인데 우리는 왜 예수님 얘기만 하면 감동을 할까. 자기 조상도 모르면서.

나는 늘 미안한 게 내가 예수님보다 몇 배를 살았어요. 암에 안 걸렸어도 죽을 나이야. 옛날에는 안 그랬는데, 요즘은 작가들을 보면 꼭 연대를 봅니다. 보면, 세계의 사상문인 저술가 중에 여든일곱 살에 책을 쓴 사람이 없어요. 여든세 살의 괴테가 마지막일 거예요. 이 시대 사람 중에서는 아흔 살까지 쓴 드러커 정도죠. 내가 지금 87세인데도 글을 쓰고 있잖아요. 그게 축복이에요 그러니 암에 걸렸다고 하나님을 원망하게 생겼어요?

성자, 군자라서 의연한 게 아니라 암보다도 더 무서운 내 할 일이 있다는 것, 그걸 누구나 가져야 한다는 겁니다. 죽음이 두렵지 않은 사람이 어디 있겠어요. 그런데 죽음을 초월할 만큼 사랑하는 사람이 있다고 생각해보세요. 그럴 만큼 나에게 중요한 일이 있다고 생각해보세요. 그거 하느라고 바빠서 병원에 못 갑니다. 나는 사실 병원에 가는 시간도 아까워요. 병원에서는 나보고 하루에 여섯 시간씩 주사 맞으면 고칠 수 있다고 했어요. 그런데 그렇게 해서 살면 뭐합니까.

사람들은 기사를 보고 어떻게 죽음 앞에 의연할 수 있느냐고 해요. 신앙의 힘도 있겠지만 내가 해야 할 일이 있고, 가야 할 길이 아직 남아 있습니다. 내 역할은 성서에서 남들이 놓친 부분, 남들이 생각하지 않는 그 부분을 공감함으로써 어린이고 어른이고 병자이고 간에 누구에게든 아주 가까이 있는, 옆방에 있는 예수님의 숨소리를 듣게 해주는 것입니다. 그게 문인 저술가로서 내가 해야 할 일이에요. 그래서 많이 쓰진 못했지만, 시도 쓰고 『지성에서 영성으로』도 쓰고 『딸에게 보내는 굿나잇 키스』도 쓴 것이지요.

사람들은 내가 딸아이한테 갖는 가책이 세속적인 가치 때문인 줄 알아요. 우리 제자들이 들으면, '선생님, 그런 말씀하시지 마세요. 그 아이를 위해서 피아노도 사주고, 학교 갈 때 타라고 차도 사주시고……' 해요. 그런데 나는 세속적 의미에서 이 아이한테 가책을 느끼는 게 아니에요.

둘째가 태어나기 전에 집사람이 여름이니까 민아를 데리고 대천해수욕장에 다녀오라는 거예요. 처음으로 부녀

간에 장항선을 타고 대천에 갔죠. 도착해서 바라크 건물에 애를 데려다놨는데, 지나가던 문인 청년들이 나를 알아보고 바로 옆 텐트에서 같이 술도 먹고 문학 이야기를 하자고 해요. 그래서 애 자는 것을 확인하고 나갔다 와보니까 애가 바깥에 나와서 목이 쉬도록 아빠를 찾고 있는 거예요. 그 어둠 속에서 어린애가 얼마나 무서웠겠어.

얘가 병에 걸리고 외로웠을 때에도 똑같이 아버지 이름을 불렀을 거예요. 나는 그 불행이나 아픔 속에서 옆에 있어주지 못했어요. 그때 같이 있어준 아버지는 내가 아니라 하나님 아버지였지. 내가 못하는 것을 하나님이 해주셨잖아요. 그래서 내가 아프다는 거예요. 세속적으로는 평일에 꼭 데리고 나가고 학교 다니는 거 고생하지 않게 해줬는데, 내가 무슨 한이 있겠어요. 문제는 외로웠을 때, 아버지를 찾았을 때, 많은 아버지들이 곁에 없으니까 하나님 아버지를 찾는다는 거지.

내가 언제 한번은 소원이 뭐냐고 물으니까 얘가 웃으면서 하나님 아버지 믿는 거라고 해요. 아버지 없는 천국에 내가 어떻게 쓸쓸하게 있겠냐고. 그 바람에 내가 '믿을게' 한 거죠. 진짜 믿을 마음이 없었을 때 나도 모르게 믿겠다고 한 건데, 그걸 하 목사님이 이 아무개가 세례받는다고 공표해버리니까 꼼짝 못하고 세례를 받은 겁니다."

— 세례받을 때 무슨 생각이 드셨어요?

"나는 아무 생각이 없었는데, 거꾸로 집사람이 울었다고 해요. 저런 사람이 아닌데 무릎 꿇고 앉아서 세례받는 기분이 어떨까 생각하니 마음이 기쁘면서도 걸렸다고 하더군요.

그런데 그때 정말 눈물이 나더라고요. 감격인지 감동인지 뉘우침인지, 좌우간 안약을 넣은 것 같은 그런 기분. 물이 떨어져서 태연하게 있었지, 물이 안 쏟아졌으면 TV에 눈물이 비쳤을 거예요."

— 세례를 받고 하나님을 만나면 우리 삶에 변화가 있잖아요. 선생님께 나타난 변화라면 어떤 것을 이야기하시겠어요?

"신체적으로 큰 변화는 없지만 마음으로 느끼는 것은 참 많이 변한 것 같습니다. 그 후에 쓴 글을 봐도 옛날하고는 전혀 달라요. 사람 보는 눈도 달라졌지요. 행동이 아니라 마음이 많이 달라졌어요."

— 사람 보는 눈이 달라졌다는 건 어떤 걸 말씀하시는 건가요?

"나는 참 오만했어요. 사람들 깔보고, 글 쓸 때도 마구잡이로 독설을 해댔죠. 지금은 내가 완벽한 사람이 아니라는 것을 아니까 내가 잘났다는 생각이 없고, 남을 용서할 줄 알게 되었습니다."

— 교수님의 고언을 듣고 싶은 질문이 있어 여쭤봅니다. 올해가 3·1절 백 주년입니다. 우리 민족적으로 큰 의미가 있다고 생각합니다.

"우리는 두 가지 트랙을 살고 있어요. 세속적인 삶과 영적인 세계. 영적인 삶에서 백 년이라는 시간은 아무것도 아닙니다. 영생이라는 게 천 년, 만 년 단위를 살지 않습니까. 영생의 세계에서 보면 3·1운동도 많은 사건 중의 하나예요. 기독교인들에게 3·1운동이 상당히 의미 있는 일이지만, 우리는 two track으로 생각해야 합니다. 하나님 나라와 지상의 나라는 달라요. 종교를 가진 사람은 한 나라나 민족의 테두리 안에서만 생각하는 것이 아니라 더 넓은 의미에서 생각해야 해요. 너와 나를 가르고 피부색을 가르고 정치이념을 가르면서 손가락질하고 싸우는 것이 아니라, 정치적 평화보다 더 큰 종교적 평화의 의미를 되새겨 봐야 하지요."

— 가족 이야기도 여쭙고 싶습니다. 가족이 어떻게 되세요?

"나는 가족에 대한 이야기를 잘 안 해요. 늘 하는 소리지만, 가족이라고 해서 부모가 자식의 삶을 정해주고 구속하고, 또 간섭할 수 없는 거예요. 그래서 가족이라고 하는 것은 하나의 작은 공동체면서도, 한 사람 한 사람이 살아 있는 것입니다. 못나면 못난 대로 잘나면 잘난 대로. 황희 정승이 농부에게 누런 소와 까만 소 중에 어느 게 일을 더 잘하냐고 물었더니, 그 농부가 황희 정승의 귀에 대고 대답했다는 일화도 있잖아요. 그 식으로 가족 얘기는 거의 안 해요. 다만, 우리 아이들이나 손주들과는 가장 가까운 남처럼 각자 살고 있습니다."

─ 따님이신 이민아 목사님은 어떤 딸이었어요?

"민아 때문에 나도 종교와 인연을 맺게 되었어요. 몰랐
는데, 그 애는 아버지 마음에 드는 딸이 되고 싶어서 공부
도 열심히 하고 자기를 너무 희생했더라고요."

─ 아버지를 기쁘게 하는 딸이 되고 싶으셨군요.

"이 프로그램 제목이 '내가 매일 기쁘게'잖아요. 걔가
그런 거예요. 아버지를 늘 기쁘게. 그것이 그 애의 정체성
이고, 삶의 한 목적이었지요. 시험공부도 재미있어 하고,
학교에서 시험 치는 걸로 대통령도 될 수 있다고 했어요.
미국에서 제일 따기 어렵다는 캘리포니아 변호사 시험도
첫 번에 합격했잖아요. 그래서 나는 애가 시험 치고 공부
하는 걸 좋아하는 줄 알았어요.

그런데 나중에, 자기가 제일 지겨운 게 공부하고 시험
치는 거라고 하더군요. 어디 가면 우등생, 모범생이 되어
서 아버지에게 최고의 딸이 되고 싶었다는 거예요. 그렇게
마음에 들려고 했던 거죠, 이 바보가. 그 이야기를 듣는데
마음이 너무 아픈 거예요.

딸애가 하나님을 믿고 있을 때, 내가 일본에서 혼자 『축소지향의 일본인』을 쓰고 있었어요. 교토에 있으면서 얘하고 전화를 많이 했어요. 그러면 계속 아버지 이야기를 하는 거예요. 내 이야기인 줄 알았더니 하나님 아버지 이야기야. 그럼 나는 섭섭한 거죠. 이 녀석이 전화를 걸어서 '아버지, 밥 잘 먹어?' 물어보는 게 아니라 하나님 아버지 이야기만 하니까.

그런데 얘가 아버지에게 인정받고 싶다는 마음이, 아버지가 형편없으니까 어느새 하나님 아버지를 진짜 아버지로 찾아가고, 이걸 나누고 싶어 나한테 장문의 편지를 쓰기 시작한 거예요.

가령, 오병이어를 두고, 그게 기적이라면 사람들이 구름 떼처럼 몰려들었을 때 잘됐다, 하고 거기서 복음을 전해야 하는데 예수님은 왜 산으로 도망을 가셨을까. 저들이 나(예수님)를 지상의 임금으로 세울까봐 피하신 거예요. 오병이어는 사랑으로 할 수 없이 먹이신 거예요. 오병이어가 문제가 아닌 거죠.

'죽지 않는 빵이 여기 있는데, 너희는 왜 죽는 빵을 가지고 그러느냐.' 그래서 예수님이 외롭다는 겁니다. 그 사람들은 예수님을 만나러 온 게 아니에요. 생선 두 마리와 떡

다섯 개로 5천 명을 먹여 살린 기적을 보고 온 거지. 그러니 예수님이 얼마나 외롭겠어요. 그러니까 오병이어를 가지고 교회 이름 짓고 하는 건 옳지 않아요. 예수님이 그런 걸 걱정하셔서 산으로 가셨는데, 우리가 거꾸로 행동해서 되겠어요? 그러면 안 되죠.

이런 얘기를 편지로 한 거예요. 그럼 얘가 아버지 말이 맞다, 여기는 이런 거다, 하면서 여기에 bread of life, 생명의 떡이 있는데 왜 죽는 떡을 찾아가느냐고 이야기해요. 애하고 똑같은 생각을 문학하고 대화하면서 신앙에 한 발짝 더 다가갔어요. 싸웠으면 내가 절대 못 믿었을 겁니다.

우리가 '만지다'라고 하면 요즘처럼 악수하는, 그런 간단한 것을 생각하는데, 옛날에는 종교의식이나 풍습으로도 남의 신체와 접촉하는 건 있을 수 없는 일이었어요. 혈루증에 걸린 여자가 예수님의 옷자락을 만졌을 때 누가 만졌냐고 물으시고 만지게 하시잖아요.

그런데 예수님이 부활하시고 도마에게도 손을 만져보게 하셨을 때, 거기에 상처 자국이 있었어요. 두 가지 의미로 이야기할 수 있어요. 부활하셔서 영적 하나님으로 올라가시는데도 인간 세상에서 일어난 일의 못자국이 있으시고, 우리를 대신해서 죽으신 증거인 이 못자국으로 인해 우리가 예수님처럼 살지는 못하더라도 예수님의 이름을 대면 부활할 수 있다는 것이지요. 이런 이야기를 우리 딸을 통해서 들었어요.

예수님을 전도하시는 분들은 다른 게 필요 없어요. 못자국을 가지고 있으면 돼요. 못자국이 있으면 믿어요. 그런데 못자국 있는 사람이 몇이나 되겠어요. 못자국이라는 건 죽었다 살아난 증거인데, 이 세상에 그런 사람이 어디 있어요. 못자국이 있는 교회, 못자국이 있는 말씀은 도마 같은 지적인 사람도 무릎 꿇게 합니다. 하나님한테 Oh God 이란 말을 제일 먼저 한 사람이 바로 도마예요.

그리고 만약 부활이 가짜라면, 예수님이 십자가에 매달리는 것을 보고 뿔뿔이 흩어졌던 열두 명이 왜 순교해서 죽습니까? 그러니까 부활을 믿게 되는 거예요. 부활을 믿으면 그때부터 지성이 무너지고 영성이 남는데, 이 지성의 사다리가 못자국처럼 남아 있는 것이지요. 지성을 통해 영성으로 가는 것이지, 지성 없이 영성으로 가는 것은 사다리 없이 지붕 위에 올라간 것과 같습니다. 금방 떨어져요. 한 단계 한 단계 올라가는 게 지성이에요.

— 그래서 선생님 간증집의 제목이 '지성에서 영성으

로'군요.

"나는 아직 사다리의 반도 못 올라가서 바람만 불면 휘청휘청해요. 위로 올라갈 수도 없고, 내려갈 수도 없는 입장이죠. 우리 딸이 위에서 그만큼 끌어올려줘서 올라간 건데, 지금은 딸이 없으니까 혼자 올라가는 게 힘듭니다. 하 목사님도 안 계시고."

— 이민아 목사님과 대화를 하시면서 더 깊이 알게 되었다고 하셨는데, 자녀분들이 어렸을 때 대화를 많이 주고받으셨나요?

"애들이 어릴 때는 우리가 업어주고 늙으면 애들이 우리를 업어주는 식으로, 어렸을 때는 내가 민아에게 이야기해주고 커서는 거꾸로 민아가 나한테 이야기를 해줬어요. 기독교에 관한 한, 성경에 대해서만큼은 민아가 나를 가르쳤습니다. 내가 미국에 가면 다른 사람들이 자는 동안 우리 둘은 발코니에 앉아서 얘기를 했죠.
사람들은 민아가 다들 고생한 줄 알아요. 일부예요. 변호사 하면서 어마어마한 집에 살았어요. 요트가 없으면 살 수 없는 비치에, 아침이면 뜰에 새들이 돌아다니는 굉장히 큰 집에서 잘살았어요. 알고 계신 것들은 후의 일들이죠. 그렇게 행복하게 살다가 그 모든 걸 버린 거예요. 부모 입장에서는 너무 안타까운 거죠. 어디로 가는지도 다 속였어요, 나한테. 후에 그런 걸로 가정 문제가 생겨서 우리가 알게 된 것이지요."

— 이민아 목사님이 투병하실 때 저희 프로그램에 출연하신 적이 있어요. 그때 기억이 생생한데, 투병하실 때 아버지의 마음은 어떠셨어요?

"내가 울고 별짓을 해도 아무것도 도울 수 없었어요. 돈으로도, 내가 권력자는 아니지만 권력으로도. 시에도 썼어요. '민아야 미안하다 정말 미안하다'.

주변 사람이 세상을 떠나고 나면 어리석어지는 것이, 바깥에서 문소리만 나도 습관적으로 '너냐?' 하고 뛰어나가요. 같이 살았으니까. 죽음은 가장 슬픈 것이지만, 인간은 죽음을 통해서 무언가 남기지요."

— 무엇을 남기셨나요?

"많죠. 누가 죽으면 슬픔보다는 안타까움이 더 많이 남아요. 그때 내가 이럴 걸, 도대체 왜 그랬나, 이해가 안 되는 거죠. 그런데 돌이킬 수가 없어요. 살아 있으면 미안하다, 내가 그때 그런 뜻이 아니었어, 하면서 무엇이든 해줄 텐데……

얘가 미국에 오래 있었으니까 일이 년을 안 볼 때가 있었어요. 그래도 언제든 내가 말을 할 수가 있으니까 언제고 만나면 이런 말을 해야지, 생각했었는데, 딱 떠나버리니까 마음에 두었던 말들을 그때 해줬으면 얼마나 기뻐했을까, 싶은 거죠.

딸이 떠나고 나에게 추상적인 것을 남기고 간 게 아니에요. 죽음이 뭔지, 암이 뭔지, 이 세상에 산다는 게 뭔지를 알려줬어요. 나는 어렸을 때 제일 가까운 어머니를 잃고, 이젠 제일 가까운 딸을 잃었기 때문에 '너 암이야' 그랬을 때도 아무런 동요가 없었던 거예요. 나는 이미 그때 죽었기 때문에. 어머니가 돌아가셨을 때 한 번 죽고, 딸이 죽었을 때 또 한 번 죽은 거죠.

요즘 내가 고통을 가끔 느끼긴 하지만, 아직 그렇게 세지는 않아요. 암 환자들은 알지만, 대개 밤 두세 시, 그때 주로 아프거든요. 밤에 막 아프고 나면 얘가 그다음 날에

212

와서 '아빠, 어제 마귀는 참 셌어, 그런데 내가 이겼다' 그래요. 고통과 맞서 싸운 거예요. 그러면 갑작스레 복수가 차기 시작하면서 응급실로 가는 겁니다.

어떤 날은 내가 꽃을 주문해서 호텔로 보냈어요. 전화가 왔어요. '꽃 갔냐?' 물으니까 안 갔다는 거예요. 배달 사고가 난 거죠. 마침 내가 있던 조선호텔의 꽃집에서 하나를 더 배달시켰더니 꽃을 두 개나 받게 된 겁니다. 얘가 너무 좋아하는 거예요.

그러고는 그다음 날, 내가 학회에 가 있는데 전화가 왔어요. '아빠, 여기 하루 더 있어도 돼?' 그러더군요. 그게 지금도 귀에 쟁쟁해요. 나는 뭐든지 해주고 싶은데, 아빠 돈 쓰는 게 미안하니까 내 눈치를 본 거잖아요. 마음이 너무 아팠어요. 그깟 돈이 뭔데 내 눈치를 보나 싶어서. 그래서 내가 전화에 대고 '열흘이 아니라 죽을 때까지 거기 있어, 왜 그런 말을 해'라며 버럭 했어요. 내가 다른 건 몰라도 그때 그 말을 한 건 정말 후회해요.

딸아이를 통해서 하나님이 어떻게 존재하시는지, 인간에게 가족보다 자기 아버지보다 소중한 아버지가 있다는 것을 알았습니다. 나는 섭섭했지만 하나님은 정말 기쁨을 주는 아버지였지요. 얘는 기도할 때 보면 정말 충만해요.

교회를 같이 가면 뭐 들린 사람처럼 손뼉 치고 하는 겁니다. 그런데 내가 제일 싫어하는 게 그거거든요. '얘, 믿는 건 안다만 배운 사람인데 엑스터시는 하지 마라' 그랬더니 기가 막힌 말을 하는 거예요. '아빠, 기쁨이 없고 춤추고 싶은 마음이 없는 건 하나님을 믿는 게 아니야.' 영원히 살 수 있다면, 정말 하나님이 계시다면 우리가 어떻게 안 뛰쳐나가겠어요.

나는 무엇을 할 때는 누가 시켜서가 아니라 솟아오르는 기쁨과 그 고통 속에서 합니다. 아까 슬픔 속에 기쁨이 있다고 했잖아요. 내가 지금 암이라는데도 초연하게 글 쓰고 폼 잡고 있는 게 아니에요. Cancer에 걸리셨다면 빨리 병원에 가서, 열흘이 걸리고 일 년이 걸리더라도 암과 싸워야 되는 겁니다.

— 그런데 선생님은 그렇게 안 하고 계시잖아요.

"지금 내가 여든일곱이에요. 병이 없어봤자 뭐 하고, 있어봤자 뭐 하겠습니까. 나처럼 나이 많은 사람이 4기 판정 받았을 때는 하루하루를 정말 농밀하게, 절실하게 살면 되는 거예요."

— 요즘 다음 세대에 대한 걱정들이 많습니다. 다음 세대를 위해 어떻게 힘을 실어주어야 할까요?

"청소년 문제, 저출산 문제 등 여러 문제가 있지만 결국 다 생명의 문제고 기독교의 문제입니다. 짐승만 있고 물질만 있는 세상에서 하나님의 형상대로 빚어져 지구의 아름다움을 볼 수 있는 유일한 동물이 인간이잖아요. 하나님이 보시기에 심히 좋았다고 하셨어요. 그 구절 참 좋죠. 본인이 봐도 잘 만들었으니까 자랑하고 싶으셨던 겁니다. 그런데 혼자라고 해보세요. 독자 없는 문필가 보셨어요? 자기가 써놓고 '와!' 소용없어요. 누군가 내 글을 읽고 감동해야 내가 작가로서 존재하는 겁니다. 절대자이신 하나님도 자기가 창조한 물건만은 평가받고 싶으셨던 것이지요. '만들어진 것들아, 어떠냐? 만들어진 사랑에 만족하냐?' 그걸 묻고 싶으신 거예요. 선악과만 안 따 먹었으면 하나님께 감사하며 살았을 텐데, 선악과를 따 먹고 악마 편에 서서 하나님의 자랑스러운 인간 창조를 우리가 망쳐놓은 거예요.

그것을 회복하려면 '태어나서 감사합니다', '나를 태어나게 하신 아버지 어머니 감사합니다', 확대하면 '하나님

감사합니다' 할 줄 알아야 합니다. 죽을 때는 내가 얻은 귀중한 것도 '그건 내 것이 아닙니다, 돌려드리겠습니다', '그동안 쓴 거 감사합니다' 해야 하죠. 이게 진짜 크리스천이고, 그래야 죽음도 벗어날 수 있습니다. 생명은 원래 내 것이 아니에요. 부모들이 준 것이지. 그런데 지금 애들은 야단치면 '내가 낳아 달랬어? 엄마가 낳아놓고' 해요.

이 똑같은 얘기를 『실낙원』에서도 합니다. 악마가 신에게 이렇게 말하죠. '하나님, 우리가 언제 인간 만들어달라고 호소한 적 있습니까? 당신이 멋대로 만들어서 이 고생을 시켜놓고 왜 우리보고 회개하라고 하십니까?' 이게 악마의 소리예요. AI의 소리예요. 『프랑켄슈타인』이 그렇잖아요. '왜 나같이 미운 거 만들었어?' 그래서 복수한 거잖아요. 똑같은 얘기지요.

그러니까, 기독교의 문제는 단순히 기독교의 문제가 아니라 문명의 문제고 인간의 사는 문제고 살아 있는 생명의 문제라는 것입니다. 이 생명의 문제가 생명공학에서 생물학자들이 얘기하는 생명의 해결이라면 하나님을 믿으라는 거예요. 시를 쓰고 노래를 하고, 별짓을 해도 해결이 안 될 것 같으면 하나님을 믿어라. 될 것 같으면 안 믿어도 돼요.

내가 흔들리는 사람으로서 복음을 전할 위치는 아니지만, 하나님이 나 같은 사람을 쓴다면 '봐라, 잘 안 믿는 재입에서도 저런 소리가 나오는데, 열심히 믿는 사람들은 어떻겠냐?' 하시는 거죠.

나는 항상 악역을 맡은 것 같아요. 딸이 나한테 '내가 볼 때 아빠는 참 멋있는데 딱 하나, 고집부리면서 교회 안 가는 게 문제야' 그러더군요. 옛날에 안 믿을 때, 애가 눈이 아파서 이제 앞을 못 본다고 하니까 눈이 보이는 그 틈을 이용해서 하와이에 간 적이 있습니다. 그런데 아버지라는 게 얼마나 무심한지, 딸의 컴퓨터를 보니까 아이콘이 엄청 큰 거예요. 해상도를 몰라서 그러는 줄 알고 내가 다시 바꿔놨어요. 눈이 아프다고 해서 찾아갔던 건데, 그걸 잊어버리고 다 고쳐놓은 것이지요. 아버지는 그래요, 어머니라면 안 그러겠죠.

결론은 dependence, 의존하면 안 된다, independence, 독립도 안 된다. interdependence, 상호 존재해야 한다. 네가 있어야 내가 있고 내가 있어야 네가 있는 상호성으로 가야 인간은 외롭지 않게, 평화롭고 행복하게 살 수 있어요.

— 엄마의 역할이 있고 아빠의 역할이 있는데, 어떻게

해야 아이들을 바른길로 인도할 수 있을까요?

"거듭나게 해야 돼요. 생명이 뭔지, 자궁 안에서 어떻게 자랐는지 다시 한번 알게 해야 합니다. 우린 그 안에서 내 힘으로 자란 게 아니에요. 열 달을 채우고 호르몬을 분비해서 산도를 넓혀주고 나오는 겁니다. 애들이 나올 때 보면, 우주인 같은 자세에 손을 꼭 쥐고 머리부터 나오잖아요. 손가락 다 펴고 나오면 어머니 자궁이 다 찢어져요.

지금은 virtual reality(가상현실)가 있으니까, 교육을 위해 영상 속으로 애들을 집어넣어 이 과정을 체험시키자는 겁니다. 태내 속에 들어가게 하는 거죠. 엄마의 심장 소리가 들리는 그 황홀한 영상을 통해 아이들이 아무 걱정 없이 자라 나오는 과정을 체험하게 하는 거예요.

청소년들이 이러한 생명공학으로 자신의 탄생을 체험해보면 바보가 아닌 이상, 이 세상에 결코 우연히 만들어지는 것은 없다는 것을, 우리가 물질 속에서 물질로 살다 물질로 돌아간다는 것을, 우리의 정신은 물질의 끄나풀에 지나지 않는다는 것을 알게 될 것입니다.

한 가지 더 보태면, 한 귀족부인이 유대인이라는 것이 밝혀져서 아우슈비츠 수용소에 오게 됐어요. 면담하던 사람이 그 부인에게 손에 물 하나 안 묻히고 호강하며 살던 분이 여기 와서 얼마나 고통스러운지 물어요. 그랬더니 그 부인이 이렇게 대답하더라는 거예요. '나는 하나님께 감사드립니다. 내가 그냥 죽었더라면 인생이 무엇인지 몰랐을 거예요. 여기서, 자기가 죽어가면서도 빵을 나눠주는 사람과 죽어가면서도 탐욕스럽게 빵을 감추는 사람을 보았습니다. 여태까지 내 입에 빵 하나 들어오는 것이 얼마나 어려운 일인지 몰랐는데, 이 고통을 통해서 비로소 나는 생명이 무엇인지, 태어난다는 게 무엇인지, 인생을 산다는 게 무엇인지 알게 되었습니다.'

아까 이야기한 born again, 우리가 어떻게 태어났는지를 체험해보면 생명 앞에 겸허해지고, 우리 집이 다른 집보다 가난하다고 해서 부모를 원망하지 않는다는 거죠. 부잣집 애들은 집을 처음 장만할 때 얼마나 기쁜지 모를 거예요. 내 손으로 적금을 들어서 처음 산 아파트의 열쇠를 받아들고 짤그락 문을 여는 그 기쁨을 몰라요. 부모나 남들이 장만해주면 집이 어떻게 생기는지, 집이라는 생명 공간이 얼마나 농밀한 것인지 알지 못합니다.

그래서 절대로 아이들을 키우면서 내가 너희들은 남의 애보다 이렇게 키웠는데, 내가 너를 어떻게 키웠는데, 이러지 말라는 거예요. 그것이 거꾸로 애한테 족쇄를 채운 것일지도 모르죠.

솔직한 얘기로, 나는 지적으로 오만했던 사람입니다. 말로는 더러 겸손한 체하며 '이런 거 하지 않아요?' 그러면서도 속으로는 그래요. '70억 인구 중에 이렇게 생각해본 사람 있으면 어디 한번 나와 봐.' 알파고가 이세돌이랑 바둑 뒀을 때 50억 명이 시청했다는데, 그중에 알파고 로고가 태극 문양처럼 동그랗다는 걸 본 사람 있으면 나와 보라고 하세요. 아무도 몰라요. 그걸 본 사람이 나 하나예요.

'공당문답'을 보면 맹사성이 어느 젊은이에게 '어디로 가시는공?' 하고 물으니까 그 사람이 '서울로 강당' 하며 공당공당 했다는 고사가 전해 내려옵니다. 이게 고려가요에서부터 시작되었는데, 요즘 어린애들이 알지도 못하면서 '나둥, 너둥' 하잖아요. 심지어 한불문화 150주년을 기념하는 건배사가 '마시숑, 드시숑'이었어요. 이런 이야기 아는 사람 있으면 나와 보라고 해요.

나는 이런 지적 허영심으로 살았어요. 나밖에 몰랐죠. 물론 지금은 무너졌지만, 이십 대 때는 기고만장했어요. 그렇기 때문에 세례받기 위해 죄인처럼 무릎 꿇고 고개 숙인 그 순간이 나에게는 지적 허영심을 버린 것과 마찬가지예요.

요즘 출판하는데 '이 책 못 내겠어, 내가 다 물어줄 테니까 해약할 수 없어?' 그러고 있어요. 전에는 내가 써놓고도 '어디 한번 나와 봐' 했는데, 지금은 온통 엉터리처럼 느껴지는 거예요. 이 겸손을 안 것만 하더라도 전능하신 하나님이 누구신지 알게 되었다는 것이지요.

알파고 바둑의 태극 문양도 나 혼자 봤다지만, 바둑을 내가 그 사람들만큼 보겠어요? 어림도 없지. 알파고와 바둑이 뭐하는 건지도 모르는 사람이 그거 하나 봤다고 기고만장하는 게 얼마나 웃기는 소리예요. 하나는 알고 열은 모르는 거지. 이렇듯 교회가 사람을 겸손하게 해줘요. 갔다 나오면 다 머리를 숙이고 자신을 죄인이라고, 아는 게 없다고 고백하죠.

비 오고 난 뒤의 찬란한 무지개가 하나님의 약속이듯이 우리의 슬픔의 눈물이 끝나고 가슴에 어리는 그 무지개, 그것이 슬픔 속의 기쁨이고 비 온 뒤의 찬란한 빛이에요. 나보다 몇천 배는 더 대단한, 상상할 수조차 없는 절대자가 나를 보고 있다고 생각하면 지적 오만이 사라지고 아인슈타인의 말처럼 지적 호기심만 남게 되는 것이지요.

지적 호기심은 모르는 게 있을 때 생깁니다. 무지에서 끝없이 탐색할 때 지적 호기심이 나오잖아요. 하나님도 마찬가지예요. 이런 호기심이 없으면 하나님은 누구인지, 절대의 세계는 무엇인지 궁금해하지 않죠. 궁금증이 있어야 교회에 가고 강론을 들으며 궁금증을 풀지, 지적 호기심이 없으면 우리는 하나님을 못 믿습니다.

그래서 많은 사람들이 '지성에서 영성으로'라고 하면 지성은 없고 영성만 있으면 된다고 믿는데, 아니에요. 지성의 사다리를 한 칸 한 칸 올라가서 마지막에 영성에 도달하는 것이지, 점핑해서는 절대 지붕 위로 올라갈 수 없습니다. 가끔 이 아무개가 '지성에서 영성으로'라고 그랬잖아, 지성은 필요 없어, 영성만 있으면 돼, 하시는 분들이 있는데, 이러면 사교에 빠지는 것입니다. 오늘 나눈 많은 이야기의 80퍼센트도 지知에서 나온 쓸데없는 말이에요.

우리가 호텔 같은 곳에서 보면 문이 살짝 열리면서 일 초 정도 파티 하는 게 보여요. 건배 하는 소리도 들리고. 하늘나라도 그렇게 보이는 것입니다. 오래 보이지는 않지만 어느 순간에 살짝 열린 문틈으로 삭 보이는 순간이 있는 거죠. 죽기 전에 한 번이라도 그걸 본 사람은 죽을 때 좋아요.

그런데 나는 그 문이 닫혀서 별짓을 다 해도 열리지 않아요. 우리 딸도 그렇고 봤다는 사람은 꽤 많은데, 나만 안 보이는 거예요. 왜 그럴까요? 몇 칸만 더 올라가면 닿을 수 있을 텐데, 지성의 찌꺼기가 내 발을 끌어서 못 올라가고 있는 겁니다. 그걸 하나님께서 보시고, 올라가고 싶으면 절체절명의, 죽음의 극한에 가보라고 하시는 것이지요. '너 오만이 남아 있어. 지성을 믿고 까불어, 아직도. 이래도 까불래?'

그렇게 생각하면, 이 세상에 나쁜 것은 하나도 존재하지 않습니다. 어떤 극한의 절망이라도 우리의 믿음을 가지고 행복으로 바꿀 수 있어요. 혹시 나처럼 투병하는 사람이 있으면 그 신념을 가지고 끌어안으세요, 포용하세요. 내 몸에는 수많은 박테리아, 수많은 세포들이 살고 있어요. 하나하나 다 살아 있죠. 그건 내가 아니에요. 남과 살고 있는 거예요. 아까 내가 이야기한 것처럼 문틈으로 다 버리면, 극한의 죽음 의식을 뛰어넘으면 그사이로 빛이 보이는 것이지요.

— 살아오면서 수많은 기도 제목이 있으셨겠지만, 지금의 기도 제목은 무엇인지 궁금합니다.

"끝으로, 저 사람 겸손해졌다는 거 거짓말이야, 또 혼자

떠들어, 하는 분들도 있겠지만, 내가 cancer라는 이야기를 듣고 나서부터는 언제 다시 만날 수 있을까, 언제 또 이런 이야기를 할 수 있을까 해서 옛날보다 말도 많아지고 사람들 말할 틈도 안 줍니다. 그렇지만 내가 이렇게 웃고 농담하면서 이야기를 해야 사람들이 어떤 위기가 닥쳤을 때 저 사람처럼 웃을 수 있다고 생각해요.

내가 늘 하는 얘기가 있습니다. 내가 마지막까지 강연도 하고 인터뷰도 하는 것은 고령화 사회의 많은 사람에게 이 아무개도 여든일곱 살까지 강연했잖아, 글 썼잖아, 우리도 할 수 있어, 하는 모델이 되어주기 위해서예요. 그러니까 노추라고 생각하지 마시고, 우리도 저 사람처럼 여든일곱 살이 되어도 젊은 사람처럼 이야기하고 글 쓸 수 있다, 나는 아직 젊다, 이렇게 생각하시면 약점의 변명이 되지 않을까 싶습니다.

'무신론자의 기도'라고 했잖아요. 아까도 이야기했지만, 나는 혈루증을 앓았던 그 여인처럼 내 더럽혀진 손으로, 예수님의 옷자락 조금 잡아보고 예수님 신발의 먼지라도 만져보고 싶은 것이 전부예요. 내 기도는 빈약해요, 큰 기도가 아닙니다."

— 지금까지 이 시대 최고의 석학, 이어령 선생님이셨습니다. 선생님, 고맙습니다.

6

이어령 박사를 만나다

* 『크리스천투데이』, 2015년 2월 17일 · 19일 기사

이어령 박사는 지난 2010년부터 5년간 양화진문화원에서 매달 한 차례씩 강연 또는 대담을 진행했다. 삶과 가족, 교육에서부터 사회와 경제, 문화를 논했고, 문화와 인물 등을 통한 성경 읽기, 그리고 전공인 소설과 인문학을 통한 '영성' 탐구를 했다. 인생을 회고하는 대담도 진행했다. 본지는 여전히 왕성하게 활동 중인 이어령 박사를 최근 서울 평창동 한중일비교문화연구소에서 만나, '7년차 기독교인'으로서의 소감을 비롯해 다양한 이야기들을 들었다. 음력설을 맞아, 이를 두 차례로 나눠 게재한다.

아무리 바뀌고 변해도 신 앞에선 피조물일 뿐
자신의 죄 인정 않는 사람이 대역죄 짓는 것

— '세례'를 받으신 지 벌써 7년째가 되었습니다. 소감이 있으신지요.

"기독교에 입문하고 '문지방'이라는 말을 썼습니다. 문이 열린 것인지, 더 큰 문이 내 앞에서 닫힌 것인지 모르겠다고. 세례를 받은 사람의 말로는 격에 맞지 않지요. 세례를 받았다는 것은 문지방을 넘었다는 증거이고 이를 사회적으로 인정받았다는 이야기인데, 세례를 받고서도 저는 여전히 열린 문으로 들어가 있지 않고 문지방 위에 서 있습니다.

하지만 아우구스티누스의 『고백록』이나 마더 테레사의 서한을 보면, 저와 같은 말씀을 하고 있음을 아실 수 있습니다. '내가 크리스천이다', '나는 이제부터 무죄한 자이다'라는 말은 바로 피조물被造物이 조물이 됐다는 이야기입니다. 인간은 아무리 바뀌고 변해도 신神 앞에서는 피조물일 뿐입니다. 피조물은 에덴에서 추방된, 신과 끊긴 상태로, 누구에게나 원죄가 있는 것이지요. 그렇지 않다면,

그야말로 선악과를 따 먹은 원죄를 그대로 가중하는 일입니다.

기독교적 논리에 의하면, 최후 심판 날에 비로소 심판을 받는 것이지, 면죄부를 받았다거나 세례를 받았다거나 해서 절대로 원죄가 씻길 순 없지요. 단지 덮어줄 뿐, 죄를 심판해서 옳다 그르다 하는 게 아니지요. 선악과를 따 먹었을 때 인간이 먼저 취한 행동이 앞을 가리고, 하나님 목소리가 나니 덤불에 가서 숨은 것이었지요. 그런데, 그게 무화과나무 잎으로 가려집니까? 덤불 속에 숨는다고 숨겨집니까?

하나님은 자기가 만든 피조물인 인간이 원죄를 저지른 순간, 얼마나 가슴이 아프고 초라하게 보였겠습니까. 그래서 덮어주신 것이지요. 그게 가죽옷을 입혔다는 대목인데, 가죽옷은 어디서 났습니까? 인간들은 무화과 잎을 땄지만, '가죽옷'이라는 건 벌써 동물의 생명을 전제로 하지요. 피 흘리는 존재인 것입니다. 우리를 덮어주기 위해 피가 필요한 것이지요. 대속과 희생, 그게 바로 예수님입니다.

과학에서는 프랙털(작은 구조가 전체 구조와 비슷한 형태로 끝없이 되풀이되는 구조)이라는 게 있습니다. 성서에서도 끝없는 프랙털로 우주가, 신과 인간의 관계가 설명돼 있습니다. 아담에서 아브라함과 모세, 그리고 예수님까지, 아주 작게는 교회 목사에 이르기까지, 중재자·대속자로서의 존재가 되풀이돼 나옵니다.

이렇듯 7년 동안의 제 이야기도 그날 세례받고 기자들과 대담한 것이나, 오늘 이 자리에서 이야기하는 것이나 같은 프랙털인데, 스케일이 커진 것뿐입니다. 그러니 아직도 저는 문지방 위에, 죄인인 채로 하나님 앞에 서 있는 사람이기 때문에, '내가 크리스천이다' 하는 말조차 입 밖으로 내기 어려운 생활을 하고 있습니다. 변명이 아니라, 그 마음을 잃으면 저는 예수님을 믿지 않던 옛날로 돌아가는 것이지요. 이 혼란과 혼돈과 모순, 들어온 것도 아니고 나간 것도 아닌, 그 문지방 위의 긴장이 존재하는 한 저는 죄인인 채로 신 앞에 서 있을 수 있습니다."

잘 알려졌듯, 이어령 박사는 딸인 故 이민아 목사의 치유를 계기로 2007년 봄 영성의 세계에 들어섰다.

"그러나 '나는 크리스천이야, (원죄를) 극복했어, 벗어났어' 하는 순간 그야말로 사탄이 되는 것입니다. 위선자들 말입니다. 우리가 아는 천사들 중에는 사탄이 참 많고, 사탄이라 생각했던 이들 중에는 천사들이 참 많다고 할까요? 이게 도스토옙스키의 작품에 나오는 인간들입니다. 『죄와 벌』에 나오는 라스콜니코프처럼 살인을 저지르고, 심지어 아버지를 죽인 혐의를 받은 사람들. 이 사람들의 영혼은 한없이 죄에 물들어 있지만, 끝없이 하나님을 향해 가려는 것이 바로 구원의 길일 수 있습니다.

하지만 『카라마조프가의 형제들』의 조지마 신부처럼 완전한 사람도, 죽으면 시체가 썩습니다. 그렇게 자신의 죄를 인정하지 않는 사람, '나는 죄인이 아니야. 나는 무죄해, 나는 하나님의 착한 성도로서 어린양들을 끌고 가는 지도자야'라고 자부하는 그 사람이 바로 '나는 신이 될 수 있어'라고 말하는 대역죄를 짓고 있는 것입니다.

그런 점에서, 저는 공적인 자리에서는 오해를 받을까봐 (기독교에 대한) 말을 잘 하지 않습니다. 예수님이 어떻게 돌아가셨습니까? 그 당시 사탄 취급을 받으셨지요. 자신을 '하나님'이라 칭한다고 하지 않았습니까? 로마인들이 죽였다지만, 사실 빌라도 총독은 풀어주려고 했습니다. '죽이라'고 외쳤던 군중들은 모두 유대인, 존경받는 제사장들이었지요. 지금 예수님께서 재림하셔도, 다시 잡아서 심판하지 않을까요?

이렇게 말씀드리면 그동안 제가 (세례받기 전) 비판하던 말과 같은 말로 착각하겠지만, 전혀 다른 것입니다. (강연했던)『카라마조프가의 형제들』의 도스토옙스키,『말테의 수기』의 라이너 마리아 릴케,「탕자, 돌아오다」의 앙드레 지드 같은 사람들, 심지어 파문당하고 개종까지 했지만 어떤 목사님이나 종교 지도자들의 글보다 그들의 책이 더 많이 읽히고 성서에도 가깝습니다. 그러나 당시 예수님을 십자가에 못 박은 바리새인들처럼, 지금도 체계화되고 소위 '종교'가 되어버린 기독교에서는 진짜 예수님 말씀이 그대로 현현됐을 때 박해를 받을 수 있습니다.

제가 용기가 없으니 그냥 있지요(웃음). 정말 용기 있는 사람이면 '저 사람 예수 믿는다더니, 맞아?' 할 정도의 말도 해야 하는데, 한국 기독교가 가뜩이나 어려운 상황에서 저까지 나서 비판적 입장에 서는 것은 사랑도 아니고 크리스천의 길도 아닙니다."

— '문지방'을 언제 넘어서실 것 같으신지요.

"저는 문지방에 서 있는 긴장으로 7년간 계속 왔습니다. 남들은 저를 욕할지 몰라도, 처음 세례를 받았던 그날을 잊지 않는……. 그리고 제가 크리스천과 논크리스천의 경계선에서 아직도 헤매고 있음을 숨기지 않고 모든 분에게 있는 그대로 보여주는 것이 정직한 모습이며, 저와 같은 이들에게 용기를 주고 그들이 언젠가 문지방을 넘어가는 힘이 되어주는 게 제 역할이 아닌가 합니다.

그러나 현재로서는 죽을 때까지 문지방을 넘을 수 있을 것 같지는 않습니다(웃음). 아까 말씀드렸듯, 『고백록』처럼 저보다 훨씬 훌륭한 분들의 깊은 고백을 읽어보면 저보다 열 배는 더 그런 긴장 속에 사셨기 때문입니다. 기도의 맨 끝에 '나를 구하소서'라고 합니다. 한없이 흔들립니다. 예수님께서도 '할 수만 있다면 이 잔을 내게서 옮기시옵소서. 그러나 이것이 아버지의 뜻이라면 받아들이겠나이다'라고 하셨지요. 원죄를 짊어진 인간과 같은 모습으로, 인간이 넘어설 수 없는 것을 넘어서신 분이시지요.

우리도 그분을 따라가야 하는데, 부활 이후 40일간 천국 가시기 전 달라진 예수님, 인간이 아니라 하나님의 아들로서 가는 그 40일이 우리가 기껏 갈 수 있는 길인데……. 그렇게 부활하신 예수님과 동행하고 밤길을 함께 걷는 건, 1백만, 1천만 명 중 하나가 될 수 있을까 말까 한 일이지요. '그분이 예수님이셨구나' 그런 기적 말입니다.

가나의 혼인 잔치에서 물을 포도주로 만드시고 '달리다 굼'으로 죽은 소녀를 일으키신 것은 기적이라고 하지만, 예수님께서 비밀로 하라고 하시지 않았습니까. 가치가 없다는 것입니다. 그것은 능력만 보이신 것입니다. 그 능력을 어디에 쓰느냐가 중요한 것이지요. 돌을 빵으로 만들고, 탑에서 떨어지고, 사람이 왕이 되는 기적을 능력으로 썼다면 예수님은 사탄에게 지는 것입니다. 이런 모든 능력으로 사람들의 의식주를 해결해주셨습니까? 영혼을 구하는 일에 쓰셨지요."

생명 주러 오셨는데, 우린 왜 빵에 연연하나

― 평소 '돌을 빵(떡)으로 만드는 이야기'를 자주 언급하시는데요.

"오늘의 기독교는, 하나님의 능력으로 의식주를 해결하니 '돌로 빵 만드는 사람들' 아닙니까? 그게 바로 이단이고, 예수님께서 경계하신 것입니다. 저는 이를 어떤 신학자 앞에서도 당당히 말할 수 있습니다.

그렇지 않습니까? 빵이 아니라 말씀으로 산다고 하셨습니다. 빵을 부정한 게 아니지만, 말씀은 제쳐놓고 빵으로 하면 안 된다는 것입니다. '오병이어의 기적'이 빵이지, 말씀입니까? 예수님 입장에서 오병이어를 하시려는 것입니까, 아니면 말씀을 전하시려는 것입니까? 그런데 말씀은 듣지 않고, 오병이어 이야기만 합니다. 오늘날 교회에서 얼마나 '오병이어의 기적'을 팔고 있습니까? 성서 보십시오. 예수님은 군중이 몰려오니 산으로 도망치십니다. 얼마나 외로우셨겠어요? 여기 먹으면 죽지 않는 빵이 있는데, 말씀으로 오셨는데, 말씀은 듣지 않고……. 저 오병이어, 먹으면 배부르지만 금방 꺼지는 그것 만들어줬다고 아우성을 치느냐는 것입니다.

오병이어의 능력? 보리떡 다섯 개와 물고기 두 마리로 사오천 명을 먹인 것이 뭐 대단하냐 이겁니다. 제자들이 그걸 보고서도 먹을 걸 걱정하니, '그건 아무것도 아니다. 그보다 몇십 배 중요한 생명을 주러 온 것인데, 먹어도 죽는 빵에 왜 그리 연연하냐'라고 하셨습니다. 오늘날 기독교인들이 여기에 연연한다면, 그 기적을 보고 교회에 간다면, 그것은 성서를 전혀 읽지 않은 분들이지요. 신학이 아니라도, 저는 문학 평론하는 사람으로서, 성서가 어찌 그렇게 읽힙니까? 돌로 빵을 안 만드셨는데, 왜 돌로 빵을 만들라고 합니까? 그러니 자꾸 말씀의 교회가 아니라, '의식주 교회'가 되는 겁니다.

'빵만으로 사는 것이 아니라 예수님 입에서 나오는 말씀으로 사는 것'이라고 이미 해답을 분명히 말씀하셨습니다. 그래서 예수님이 광야의 마지막 시험에서 합격하셨지요. 우리가 시험 치면 다 떨어질 걸요(웃음). 목사님이고 교인이고, 교황도 떨어질 거예요. 하나님께서는 그런 걸 덮어주시는 것이지요. 이런 인간의 한계를 알아야지요. 잘난 사람 없습니다. 그런 것들을 다 덮어주세요. 정말 착실하게 믿는 목사님들이 잘못을 아는 것이 있어도 덮어주시는 것입니다.

내가 덮는 것과 하나님께서 덮어주시는 것이 같습니까? 다르지요. 하지만 우리는 자꾸 자신을 덮으려 합니다. 그러나 그게 덮어집니까? 우리는 자꾸 드러내야 합니다. 그래야 덮어주시지요. 그런 의미에서 최후의 심판이 언제 오는 게 아니라, 지금 여기서 오는 것이지요. 그게 프랙털이구요."

로고스, 지성과 영성 모두 있어야만 성립돼

— 박사님은 '지성'의 상징과 같은 분이셨는데, 요즘 강연에서는 '영성'을 더 강조하고 계십니다.

"당연하지요. 지성은 제가 할 수 있는 몫이고 50년간 책을 읽으며 가르치고 배워온 것이지만, 제게 가장 결여돼 있는 부분이 영성입니다. 근대 합리주의를 뛰어넘지 못하면 기독교인이 될 수 없습니다.

데카르트Rene Descartes가 '무한정신'이라고 한 것이 하나님인데, 인간 정신은 '유한정신'이지요. 다음에 물체들과 기계들은 '확충'만 있지 '생식'이 없는 것들입니다. 그러나 데카르트는 '무한정신', 즉 하나님을 인정했습니다. '나는 생각한다, 고로 존재한다'에서의 '생각'은 무한정신이 아니라 '유한정신'입니다. 그러니 신을 인정한 것이지요.

그런데 사람들이 모르는 게 있습니다. 우리가 시계태엽을 감지만, 움직이는 것은 시계입니다. 그러니 처음에 하나님께서 우주를 만드시고 인간이라는 유한존재를 만드셨지만, 다음에는 간섭하지 않고 우리의 법칙으로 살아간다는 것입니다. 시계태엽을 감으신 것은 하나님이시지만,

돌아가는 건 우리라는 것이지요. 관여하지 않으신다. 시계
가 안 가면 '시계 죽었네' 하고 다시 돌리잖아요?

이것은 유신론有神論·Theism이라 하지 않고, 이신론理神論·
Deism이라고 합니다. 이치로 따진 신, 생각 속에 있는thinking
신 말입니다. 그러니 이것은 무신론보다 더 나쁩니다. 신
을 인정하면서도 나와 관계 없다는, '죽은 신Dying God'이
니까요. 그러므로 근대 합리주의 지성을 버리는 게 아니라
그 데카르트적 지성을 넘어서는 것, 우리가 이성에서 도피
하는 게 아니라 이성에서 자유로워지고 이성을 넘어설 수
있는 힘, 그것이 바로 영성입니다. 숫자나 언어가 아닌, 하
나님과 소통할 수 있는 힘 말입니다."

다른 종교들은 모두 '인간이 신 되는 이야기'
기독교만은 어디까지나 피조물로서 가는 것

— 좀 더 자세히 설명해주신다면.

"그러니까 성서를 보면, 우리가 알아듣기 쉬운 말로 돼
있습니다. 이것은 지성의 언어지요. 로고스, 말씀은 지적

인 존재입니다. 그러나 '아멘, 할렐루야, 호산나, 달리다굼'
처럼, 번역하지 않은 것들이 있습니다. 전 세계가 다 번역
을 하지 않았습니다. '아멘' 대신 '예, 믿습니다' 해도 통할
텐데, 왜 안 했을까요? 영성의 언어이기 때문입니다. 인간
의 말로는 번역이 불가능합니다. 그건 지적 언어가 아니
라, 영성이 붙어 있기 때문이지요. 그렇다고 지적인 걸 다
빼내면, 주문呪文이 돼버려요. 그건 기독교가 아닙니다. 지
성과 영성이 함께하는 것이 '로고스'입니다. 말씀은 지성
과 영성이 한 몸 되는 것으로, 둘 중 하나를 빼내면 성립하
지 않습니다.

　그러니 예수님이 우리 인간의 몸으로 오신 것입니다. 다
른 종교들은 모두 인간이 신 되는 이야기지요. 나도 믿으
면 신처럼 될 수 있습니다. 그러나 기독교만은 절대로 신
이 될 수 없습니다. 마지막 최후 심판에서 영성을 얻는다
해도, 어디까지나 피조물로서, 아들로서 가는 것입니다.
아들은 아버지의 친구, 동격同格이 될 수 없습니다. 그게
다른 종교와의 차이입니다. 우리가 신의 입장이 되려는 것
이 바로 원죄이고 쫓겨난 이유인데, '나는 무죄하고 모든
것이 신과 같다, 그렇게 깨끗한 자다' 이렇게 원죄를 인정
하지 않으면 최후 심판 때 구원을 못 받는 것이지요.

원죄라는 게 무엇입니까? '신이 되려 했던 욕망' 아닙니까? 사람들이 자꾸 원죄가 뭔지 모르는데, 딱 하나입니다. '이 사람이 선악을 아는 일에 우리 중 하나같이 되었으니……' 하나님께서 인간이 신처럼 되는 걸 질투해서 그랬을까요? 아닙니다. 인간은 피조물인데, 자격 없는 이들이 조물이 되려 했기 때문입니다. 아들이 아비와 친구가 될 수 있습니까? 싫다는 게 아니라, 사랑하니까 그렇게 되면 좋겠지만 우주 질서를 거역하는 것이지요. 인간이 완전하면 모르겠지만, 자기 판단으로 뭘 할 수 있겠습니까? 마치 물을 담으려 만든 이 컵이 말하는 능력을 가져서 '뜨거운 건 넣지 마' 하는 것 같은 사태가 벌어지는 것입니다.

지성은 이미 50년간 제가 쓴 글에 다 들어 있습니다. 거기에서 한 발짝 더 나아가는 영성의 세계가 붙음으로써, 제가 옛날에 신을 욕하고 무신론적으로 이야기하는 것들도 다 해석과 모든 논리가 달라지는 것입니다. 그것들이 없어지는 게 아닙니다. 같은 성서이지만, 이전에 무신론자로서 읽었을 때와, 영성 있는 크리스천이 되어 읽는 것이 전혀 다릅니다.

마치 시커멓고 괴상해 보이는 네거티브negative 필름을 인화시켜 아름다운 포지티브positive 필름으로 바꾸듯 말입니다. 영성은 인화지에 자신을 붓는 것과 같습니다. 그러면, 지금까지 해골처럼 찍혔던 것이 제대로 모습을 갖춥니다. 천국은 사진을 인화하는 곳과 같습니다. 거기에 나를 맡기면, 내 모습이 나타납니다. 하지만 그게 신은 아닙니다. 어디까지나 '아담'이지요."

— 얼마 전에도 교회에서 강연을 하신 것으로 아는데, 목회자나 신학교수와 만나면 주로 어떤 대화를 나누시는지요.

"저는 그분들과 충돌하거나 서로 의견이 다른 게 아닙니다. 그분들은 '신학神學'을 하시고, 저는 거기서 니은(ㄴ)을 뺀 '시학詩學'을 하는 사람입니다. 저는 텍스트 읽기를 하고, 그분들은 실천하고 봉사하는, 분류하고 적용하고 요리해내는 역할이시지요.

제가 문학작품에서 보통 독자들이 못 읽어내는 뜻을 발견해주듯, 신학에서도 그럴 수 있지 않을까요? 플라톤도 같은 이야기를 했지요. 시인들은 공화국에서 내쫓아야 할 존재들이지만, 보통 사람들에게 '이데아'의 세계를 가장 실감 있게 말해줄 사람은 시 쓰는 사람들이라구요. 우리가 에덴동산에서 쫓겨났는데(실낙원), 에덴동산이 무엇인지를 알려주고 이미지를 떠올리게 하는 일은, 시인이기 때문에 어느 목사님들보다 잘할 수 있다고 생각합니다."

한국 교회의 위기가 아니라 문명에 위기가 온 것
과학·정치·경제가 교회의 역할 대신하고 있어

— 많은 이들이 한국 교회가 위기라고 이야기하는데, 그 원인과 대안은 무엇이라고 생각하시는지요.

"한국 교회가 위기가 아니라, 문명에 위기가 온 것이지요. 바이오테크놀로지가 와서, 생명을 물질적으로, 과학으로, 인공적으로 만들고, 교회의 역할을 과학자들이 하고 있습니다. 사람들에게 하나님 말씀이라고 하면 듣지 않지만, 과학적이라고 하면 다 들어요. '이거 먹으면 암 걸린다'고 하면 시장에서 그 물건이 싹 없어집니다(웃음).

하지만 이게 얼마나 틀린 것입니까? 먹으면 암 걸린다고 해서 사카린이 자취를 감췄는데, 이제 괜찮다고 하질 않습니까. 하나님이 먹지 말라고 하신 선악과도 먹는 인간들이, 과학자들이 먹지 말라면 안 먹습니다. 이렇게 과학이 세졌어요.

다음은 정치와 경제입니다. 의義를 말하는 정치, 풍요를 말하는 경제가 지배하는 시대입니다. 그런데 기독교마저 정치적 의로움과 이념에 말려 들어가고 있습니다. '사랑 없는 정의'가 기독교의 이름으로 판을 칩니다. 사랑을 잃고 소금 맛을 잃은 크리스천들이 이 세상에서 '크리스천'이라는 이름으로 행할 때, 그건 거짓이고 반反크리스천입니다. 그런데 이들이 굉장한 세력을 갖고 있고, 대중들도 그들을 따릅니다.

'사랑 없는 정의'는 '정의 없는 사랑'보다 더 나쁩니다. 그 뜻을 아시겠지요? '아이고 내 새끼' 하면서 감싸는 것도 잘못이지만, 애를 바로잡는다며 매질로 죽이는 부모도 곤란합니다. '정의 없는 사랑'도 '사랑 없는 정의'도 기독교가 아닙니다. 오늘날 기독교의 가장 큰 위험은 이 두 가지입니다. 서로 끌어안고 내 편만을 위한 사랑은 있으되 정의는 없는 교회가 있는가 하면, 내 편은 정의이므로 다른 편에게는 모질게 비판만 하는 종교도 있습니다.

사랑과 정의가 합쳐져야 합니다. 그것이 십자가입니다. 그러나 지금 십자가 없는 교회가 되어가고 있지 않습니까? 정의와 사랑이 함께 있어야지, 바리새인처럼 율법만 지키고 사람들의 편을 가르는 것이, 저는 교회의 큰 위기라고 봅니다. 과학과 정치·경제가 신의 입장을 찬탈해버린 이 시대는 기독교가 기독교로 살아남기가 참 힘든데, 기독교가 과학이 되고 정치가 되고 경제가 되려 하지 않느냐는 말입니다. 자멸이지요.

기독교가 복지사회를 만들어 가난한 사람, 고아와 과부를 끌어안는 것은 분명 사랑입니다. 그런데 사랑 없이 사회정의로만 저들을 끌어안는 쪽으로 간다면, 다른 한편으로는 불의한 자들을 만들어 가차 없이 인정사정없이 내몰게 됩니다. 그 자체가 사랑이 없기 때문에 덮어줄 줄 모르는 것입니다.

노아가 술에 취했을 때 막 까발린 자식과 보지 않고 덮어준 자식이 있었지요. 지금 사회정의라는 건 모두 까발리는 정의입니다. 원죄를 지은 인간들, 죄 짓고 추악한 모습을 드러내며 죽어가는 이들에게, 보지 않고 이불을 덮어주는 사람이 없습니다. 우리는 자기 죄는 덮으려 하지만, 남의 죄는 덮어주려 하지 않습니다. 그게 정의인 줄 알면 큰일이지요. 사랑 없는 그런 정의라면, 벌써 저 로마 시대와 사회주의 등에서부터 많이 겪었습니다.

예수님께서 오셔서 비로소 정의와 사랑이 함께 있는, 어머니와 아버지가 함께 있는 모습이 실현됐습니다. 그런데 오늘날의 종교는 어머니적인 것만 강조하거나, 율법처럼 아버지적인 것만 강조하려 합니다. 헤겔은 유대교의 가장 부족한 점으로 사랑과 관용을 지적합니다. 예수님은 그것을 위해 오신 분이시지요. 그것을 빼면 그냥 유대교일 뿐이고, 구약만 읽는 종교가 되고 맙니다. 가톨릭이든 개혁주의든, 적어도 예수님을 믿는 사람은 예수님 이전의 종교와는 달라야 합니다."

형이 아버지 되려 하나…… 지도자들 새겨들어야

— 예전에는 사회의 지성인들이 교회로 몰려왔는데, 요즘은 오히려 지성인일수록 교회를 떠나고 비판하는 추세입니다. 한때 그들과 같은 입장에 서 계셨던 분으로서 조언을 해주신다면.

"그래야 인텔리이고, 비판 정신이 있고, 사회의 존경도 받기 때문이지요. 솔직하게 저는 기독교에 입문하는 그 순간부터 제 독자들의 삼분의 일은 떨어져 나갔습니다. 인터 넷만 봐도 알아요(웃음). 그럼에도 불구하고 믿는 것이지 요. 손해 봐도 믿어야지요.

포퓰리즘은 안 그래요. 인기 발언으로 교회를 비판합니 다. 그러면 '역시 이 아무개는 다르구나. 역시 맹목적으로 믿지 않아. 대형 교회 들이받고 평신도들 데리고 데모해서 목사 내쫓고, 역시 달라' 하면서 독자들이 또 붙겠지만…… 그거 안 하는 게 참 어려운 거예요.

비판은 쉽습니다. 말이 목구멍까지 나오는데도 '내가 과 연 이런 말을 할 수 있을까? 인간이 인간을 심판할 수 있 을까?' 그걸 생각하는 것이지요. 함부로 심판하는 게 소위 '지적 오만'입니다. 가장 큰 죄악이지요, 신이 될 수 있다 는. 아버지의 이름으로 자신이 행하는 것입니다.

「탕자, 돌아오다」를 보면 기가 막힙니다. 돌아온 탕자가 아버지 어머니에게 다 무릎을 꿇지만, 형에게는 꿇지 않아 요. 형이 상속자 행세, 아버지 노릇을 한다는 것이지요. '나는 아버지를 한시도 잊은 적이 없지만, 형은 용서할 수 없다'고 합니다. 형들이 문제입니다. 형이 형 노릇을 해야 지, 왜 아버지처럼 되려 합니까. 교회 지도자들이 잘 새겨 들어야 합니다."

248

— 세례를 받으시자마자 거의 항상 교인들을 가르치는 일만 해오셨는데, 본인의 신앙 성숙을 위해서는 어떤 일들을 하시는지요.

"저는 한 번도 가르친 일이 없어요. 같이 아파했지. '왜 아파하지 않느냐? 왜 생각하지 않느냐?' 했던 것입니다. 제 생각을 주입한다면, 저는 벌써 '해결한 사람'입니다. 제가 아직 해결하지 못한 채 문지방에 있는데, 누구에게 넘어오라고 하겠습니까? 양화진문화원에서 강연한 내용들 가만히 들어보세요. 내 아픔을 이야기한 거예요. '같이 아파하자. 그런데 왜 아파함을 모르고, 교회만 오면 다 구제받는 줄 아느냐'는 겁니다. 저는 가르치는 사람을 욕했지, 배우는 사람을 욕한 적은 없습니다. 저는 지금도 글을 쓰면서 이래라저래라 하지 않습니다. '생각하는 나'를 보여줄 뿐입니다.

그런 면에서, 자기 자식들에게도 '기독교 믿으라'고 강요하는 거 아닙니다. 자식은 하나님이 만드신 '유일자'입니다. 그의 형상 속에 하나님이 있는 것이지요. 그걸 왜 인간이 마음대로 이래라저래라 합니까? 그러니 목사님 아들들이 보면 범죄도 저지르고, 가장 불쌍할 때가 있어요. 목사님 아들도 같은 사람인데, '목사님 아들이 저런다'고 하니 얼마나 스트레스를 받겠어요?

'놔둬'라는 말이 있지요. 애가 울면 '그냥 놔둬' 하잖아요? 좀 놔두세요. 그러면 하나님이 인도하세요(웃음). 완전하지 않은 자기 머리로 자식을, 학생을 만들어내려 하지 마십시오. 하나님이 만드시지, 인간이 할 수 없습니다. 하나님께서 우리를 만드셨다면서요? 그런데 왜 자꾸 인간이 만들려 합니까?"

— 양화진문화원 강연에서 다루신 작품들 중에서는 교회에서 잘 언급되지 않는 것들도 있었습니다. 예를 들면, 『파이 이야기』는 다원주의 성향의 작품이 아니냐는 논란도 있는데요.

"『파이 이야기』처럼 기독교적인 작품이 없습니다. 인도의 힌두교인들을 어떤 설득으로 캐나다까지 인도할 수 있겠습니까? 인도에서 영국과 프랑스 교육을 받은 주인공이 일본 선박을 타고 마지막에 캐나다로 갑니다. 도중에 모두 죽고 주인공 소년만 살아남지요. 캐나다는 뭡니까? '유럽'에서 '새로워진 유럽'으로 가는 것입니다. '새로워진 서

양', '새로워진 기독교'입니다. 주인공이 토론토를 향해 갔는데, 기독교인들이 제일 많은 곳이라고 합니다. 주인공이 기독교 국가에 가서 살지 않습니까.

『파이 이야기』가 기독교를 반대한다면, 제가 되레 묻고 싶습니다. '이교들까지 품는 저 작품은 안 되겠다'며 『파이 이야기』를 읽지 말라고 한다면, 예수 믿지 마셔야지요. 왜 그렇습니까? 강도 만나 쓰러진 자를 대제사장과 레위인 모두 그냥 지나쳤는데, 전혀 기독교를 믿지 않는 사마리아인이 살려줬습니다. 예수님이 '누가 이웃인가?' 하고 물으십니다. 기독교인입니까, 아니면 유대인입니까.

이 작품도 마찬가지입니다. 배에 탄 전부가 이웃입니다. 심지어 자신을 잡아먹을지 모르는 호랑이까지도. 거기서 신을 찾으며 호랑이를 구제합니다. 그게 사랑이지요. 나를 잡아먹을 호랑이를 구제하는 것, 기독교 정신을 가장 잘 나타냅니다. 이래야 기독교가 살아남습니다. 그렇지 않으면 바리새인이 됩니다.

예수님께서 '땅끝까지 가라'고 하지 않았습니까? 인도에서 벗어나지 못하던 힌두교인이 동물원에서 생명과 사랑과 용서를 배우고, 심지어 어떻게 조그마한 보트를 타고 호랑이와 함께 타고 거기까지 갔습니까? 이 작품을 쓰고 영화화한 감독의 종교가 느껴지지 않습니까? 크리스천 영화입니다. 그런데 이런 작품을 읽지 않고, 기독교적이지 않다고 하는 것은 스스로 크리스천의 영역을 없애고 예수님 말씀을 거부하는 것입니다."

'신은 죽었다'고 문명화된 사회 이야기하면서
최고의 과학기술을 가졌던 나라가 대학살 자행
기독교적 사랑만이 답…… 그러니 예수님 오신 것

— 언론인으로 프랑스 특파원도 지내셨는데, 얼마 전 프랑스에서 종교라는 이름으로 극단적인 테러가 일어났습니다. '표현의 자유'와 '종교의 자유' 간 충돌이라는 반응도 있었는데요.

"아까 '사랑 없는 정의'를 말했습니다. 그들은 민족과 이념을 위한다지만, 사실 사랑 없는 정의일 뿐입니다. 그게 테러입니다. 죽이는 것이지요. 예수님은 살리는 걸 가르치셨지요. 내가 길이요 진리요 생명이라고요. 하지만 그들은 죽이는 것이 '지상명령'이니 자폭합니다. 그들은 자

252

신이 의롭다고 여깁니다. 그런 민족주의가 얼마나 많은 죄 없는 이들을 죽이고 있습니까? 그 대가로는 돈을 받아갑 니다. 무슨 명목으로 이것이 용서받을 수 있겠습니까.

하지만 그런 테러를 잠재우는 것은 반테러작전이 아닙 니다. 기독교적 사랑입니다. '기독교'라는 이름을 쓰지 않 더라도, 그들에게 생명의 귀중함과 이웃에 대한 사랑, 이 념이 달라도 용서하고 사랑하는 것을 알려야 합니다.

거꾸로 묻겠습니다. 유다가 배신하고 떠날 때 예수님께 서 유다를 벌하셨습니까, 아니면 용서하셨습니까? 예수님 이 유다를 꾸짖고 '내 제자가 아니다' 하시며 징벌하시고 다른 제자들에게만 사랑을 주셨습니까? 그를 심판하셨나 요? 아니면 자신을 파는 사탄까지도 사랑으로 끌어안으셨 을까요? 성서에는 '빵을 찢어서 주셨다'고 쓰여 있습니다. 우리는 그냥 나눠줬다고 읽지만, 빵을 찢어서 주셨습니다. 자신의 육신을 찢어서 주셨습니다. 그것이 바로 용서입니 다. 같이 먹는다는 건, 용서했다는 뜻이지요. 그러면서 '네 할 바를 하라'고 하셨습니다.

베드로가 이후 '나는 절대로 배신자가 되지 않을 것'이 라고 하니, 예수님은 '닭 울기 전 네가 나를 세 번 부인할 것'이라 답하십니다. 남아 있던 제자들이나 유다나, 예수님 눈에는 똑같은 사람으로 보였던 것입니다. '너희들도 팔아넘길 역할이었으면 나를 팔았어'라는 것이지요. 베드로도 결국 세 번 부인합니다. 그런데도 고기 잡던 시몬 베드로를 찾아가셔서 양들을 맡기십니다. 용서하신 것이지요. 그러니 배신했던 유다인들 용서하지 않으셨겠느냐는 것입니다. 결국 유다는 스스로 목을 매달고 죗값을 치르지요. 예수님이 벼락 쳐서 죽이신 게 아닙니다.

기독교를 왜 그렇게 어렵게들 믿는지 모르겠습니다. 다 써 있잖아요? 베드로 이야기가 왜 나오겠습니까? 베드로의 맹세에 '너도 똑같다'는 것입니다. 예수님 눈에는 제자이건 아니건 모두 죄인입니다. 약한 인간으로 보셨던 것입니다. 그러니 당신께서 '피 흘려 저들을 구하리라. 저들이 부활을 절대 믿지 못할 테니 내가 그걸 보여주리라' 하신 것입니다. 그런 의미에서 기적은 딱 하나뿐입니다. 부활의 기적만 보이셨지요. 다른 것들은 능력을 보이신 것에 불과합니다. 기적은 단 하나, 인간이 인간의 아들로 태어나 하나님의 아들이 되신 것이지요. 예수님이 아니었다면, 우리는 하나님을 아버지라 부를 수 없었습니다.

결국 우리가 저런 참담한 테러를 보고 말할 수 있는 것은, 저런 게 말세末世이지요. 사람을 돈 얼마에 공공연하게

254

인질로 잡아다 죽이는 것입니다. 과학과 문명이 그렇게 발달했다는데, 그 옛날부터 있던 해적이 아직도 있습니다. 몸값 내놓으라는 놈들도 있지요. 구약에서 번제 지낼 때랑 다를 게 없습니다. 그러니 하나님은 계속 존재하시는 것입니다. 인간이 낙원을 만들 수 있었다면, 하나님은 없어도 됩니다. 하지만 '신은 죽었다'며 문명화된 사회를 이야기하는 속에서, 최고의 과학기술을 가졌던 나라(나치 독일)가 유대인 6백만 명을 죽이고 말았습니다.

그러니 예수님이 필요한 거예요. 6백만 명을 죽이지 않기 위해서. 과학이 못 죽이게 할 수가 없습니다. 과학은 원자폭탄 투하를 막을 수 없습니다. 그걸 저는 지성의 한계라고, 데카르트가 '유한정신'이라 부른 것에 찬동합니다. 이 유한정신에 '영성'이 오면, 무한정신과 통하고 느낄 수 있습니다. 그게 교회와 기독교의 역할입니다. 과학자, 정치가, 경제가의 몫을 다 합쳐도 해결되지 않는 문제들 말입니다. 정치나 경제로 해결될 수 있는 것을 기독교가 왜 하겠습니까."

정말 기독교라면 '정의'와 '사랑'이 함께 있어야

— 기독교 내에서도 진보와 보수의 대립이 첨예합니다.

"저는 자유주의고 보수주의고 간에, 아까처럼 한마디로 말하고 싶어요. 두 파가 싸울 때 보면, 틀림없이 한쪽에는 사랑이 없고 다른 쪽에는 정의가 없습니다. 그걸 보수니 자유니 이야기하지만, 제 눈으로 보면 '사랑 없는 정의', '정의 없는 사랑'이라는 두 파가 싸우는 것 같습니다. 정말 기독교라면, 그 둘을 합해서 정의와 사랑이 함께 있는 교회가 돼야지요. 그것이 제가 꿈꾸는 교회입니다.

그렇지 않고 파벌이 생기면, 바리새인들처럼 또 예수님을 죽이게 됩니다. 종교에 '도그마dogma'가 생겨선 안 됩니다. 예수님이 얼마나 도그마와 싸우셨습니까? 바울도 '의문(文字)은 죽음을 낳고 말씀은 생명을 낳는다'는 기가 막힌 말을 하지 않습니까. '태초에 말씀(로고스)이 있었다(요 1:1)'고 했는데, 이 로고스의 뜻을 몰라서 그렇습니다. 원래 로고스는 '이성'과 '말'이라는 양면을 다 갖고 있었습니다. 말은 '육체'처럼 구체적이지만 이성은 보이지 않는 것이지요. 그 둘이 함께 있었는데 라틴어로 쪼개놓았습니다. 원래는 영과 육이 따로 있는 게 아니라는 말이지요. 하나입니다. 그러니 예수님께서 성육신incarnation하신, 말씀이 육신 되신 것 아니겠습니까."

— 최근 펴내신 『소설로 떠나는 영성순례』를 보면, 원래 이스라엘 성지순례를 계획하셨다고 나와 있었습니다. 가셔서 무엇을 보고 싶으셨는지요.

"그건 출판사에서 그렇게 계획한 것이구요(웃음). 하나님은 이스라엘이나 여기 서울에 계신 것이 아니지요. 인간의 생명이 있는 곳에 존재하십니다. 성지순례 가봐야 아까 말씀드린 대로 발자국이나 따라다닐 뿐입니다. 말씀은 편재偏在하지 않지요. 그러니 땅끝까지 가라고 하시지 않았습니까. 이곳이 예루살렘이고, 저기가 서울이에요. 그걸 인정하지 않으면, 또 서로 민족주의로 싸우게 되지요. 6백만 명 죽이는 그 짓을 또 해야겠어요?

예수님께서 왜 사마리아 그 험한 길로 다니셨습니까. 유다 지방에서 갈릴리로 가는 다른 길이 얼마든지 있었습니다. 그런데 이상한 데로 다니셨어요, 잠도 안 재워주는 곳으로. 기독교인들이 그걸 모릅니다. 예수님께서 '추수할 때가 되었다'고 하신 곳이, 사마리아 여인이 물 길러 온 그 곳입니다. 그 여인은 그 동네에서도 인종지말人種之末이라 혼자 물 길러 오지 않았습니까. 예루살렘에 들어갈 수조차 없었던 그 여인을 붙잡고 말씀하십니다. 그걸 깨뜨리시려는 것이지요.

그런데 우리가 왜 예루살렘으로 가겠습니까? 차라리 제가 가고 싶은 곳은, 예수님께서 사마리아 여인을 만난 그 야곱의 우물입니다. 소도 양도 사람도 키우던 물이 아직 있다는데, 마시면 목마르지 않는 생명수가 있다는 그곳 말입니다. 가봐야 그저 우물일 뿐이겠지만, 그런 곳을 가고 싶습니다. 물론 예루살렘도 그런 면에서 굳이 가지 않을 이유는 없지요. 최후의 모습이 담긴 그 성전을……. 그러나 예수님 자신이 성전이시지 않습니까."

과학 지식에서 신의 촉수 느끼지 못한다면 바보
공평하게 주신 것을 소유하려 하다 하나님 떠나

— 생명 자본주의를 주창하셨는데, '디지로그' 등과 달리 반응이 많지 않은 것 같습니다.

"반응이 별로 없어요. 그게 반응이 있다면, 제가 책을 쓴 의미가 없지요(웃음). 생명이 자본이라고 한 번도 생각해보지 못한 이들에게 그게 먹힌다면 우습지요. 그걸 여러 사람에게 먹히게 하려면 포퓰리즘식으로 썼겠지요. 가장 매력 없고 흔해빠진 생명과 자본이라는 말을, 가장 반대되는 말에 서로 갖다 붙였습니다. 그러니 역설적이지만, 실패할수록 길이 있는 것입니다. 이제까지는 사람들이 알아듣는 말을 해서 베스트셀러가 됐지만, 이제 사람들이 알아듣지 못하는 이야기를…….

『지성에서 영성으로』가 제 첫걸음이라면, 『생명이 자본이다』의 '생명 자본주의'야말로 기독교로 들어가는 정말 큰 그림이 그려져 있습니다. 기독교를 믿지 않았을 때의 논리들부터 토포필리아(장소愛), 바이오필리아(생명愛), 네오필리아(창조愛)입니다. 사랑을 에로스와 아가페 등으로 많이 이야기했지만, 기독교든 마르크시즘이든 필리아philia를 세 개로 설명한 사람은 없었습니다. 이 세 개도 대부분 과학자들, 비기독교인들이 말하던 것을 기독교적 해석을 통해 업그레이드시킨 것이지요.

그래서 금붕어 이야기부터 시작합니다. 그러고 보니 저는 칠십 대에 와서 기독교를 믿은 게 아니라, 이십 대 때 그 추운 방에서 금붕어를 살려줬던 그게 뭐냐는 것입니다. 전쟁에서 그 많은 사람이 죽어갈 때도 눈 하나 깜짝하지 않았는데, 꽁꽁 얼어 있던 금붕어에 물을 부었더니 살아나는 게 뭐냐 이겁니다.

하나님 잘 믿는 분들, 그거 생각해보신 적 있어요? 왜 영하 4도의 물이 가장 무거울까요? 왜 뜨뜻한 물이 차가운 물보다 밑에 있습니까? 물이 얼면 무거워져야 하는데, 얼음이 물에 뜨지요. 그렇지 않으면 물고기는 겨울에 살 수 없습니다. 어떻게 펭귄들은 영하 40도에서도 살아갈 수 있을까요? 거기서 신의 의지를 발견하지 못하면 바보입니다. 왜 100도에서 물이 끓을까요? 비등점沸騰點이 조금만 달라져도, 세상은 안개에 휩싸여 우리가 살 수 없습니다. 과학적 지식이 조금만 있어도, 신의 음성과 촉수를 느낄 수 있습니다.

물만 갖다놓고 봐도 신비합니다. 세상에 물처럼 이상한 게 없지요. 액체도, 고체도, 기체도 되는 것이 물 말고 있나요? 제일 희귀한 물질이, 제일 풍부합니다. 공기도 없으면 못 살지만, 제일 풍부합니다. 가장 소중한 것이 공짜입니다. 이제 물을 사 먹고 있는데, 이것은 하나님과 정말 멀어지는 겁니다.

하나님께서 부자나 가난한 자나 모두 똑같이 살 수 있게 준 물질들이 공기와 물과 흙입니다. 그런데 흙(땅)을 소유하기 시작했지요. 하나님을 떠나는 것이지요. 그때부터 하늘을 배신하기 시작했습니다. 인간뿐 아니라 모든 생물에게 살라고 준 흙인데, 흙 자체도 생명이 죽어서 되는 것인데, 그걸 소유하고 내 것이라 말하는 순간 인류의 생명들에게 공평하게 주신 하늘의 권능을 자신의 권능이라 말하는 것입니다. 신이 되려 하는 것이지요.

불완전한 인간들이 자연과 동떨어진 인간 문명을 자기 것인 양 통치한다고 생각하는 정치인, 하늘이 아니라 자신이 먹을거리를 주겠다는 경제인, 그게 모두 신이 되겠다는 것 아닌가요? 그것이 바로 선악과를 따 먹는 이야기입니다. 지금도 뱀은 계속해서 유혹하고, 우리는 선악과를 따 먹고 있는 것입니다. 에덴동산에서 쫓겨난 것이 그 옛날이 아니라 바로 지금의 이야기입니다. 이곳 서울이 에덴동산일까요? 에덴동산 공기가 이렇게 더러울 수 있습니까? 배추 하나 심을 수 없습니다. 스스로 발가벗고 살 수 있는 환경을 누가 이렇게 만들었습니까? 정치학과 경제학, 과학과 문명 아니겠습니까.

그런 우리가 옛날로 돌아갈 수 있을까요? 못 갑니다. 선악과를 따 먹었잖아요. 그러니 무화과로라도 가려야 합니다. 과학을 부정할 수 없고, 덮어주는 수밖에 없습니다. 덮어주는 일, 그게 목회자가 할 일입니다. 원죄를 지었지만, 죄인으로라도 같이 살아갈 수 있도록 사랑으로 덮어줘야 합니다. 원폭을, 공해를 덮어주고, 원폭을 쓰지 못하도록 증오를 덮어줘야 합니다.

증오를 덮어주면, 과학이 아무리 만들어준다 한들 폭탄을 갖고 테러를 하겠습니까? 사랑이 있으면 쓰지 않습니다. 식칼이 있다고 다 찔러 죽이는 게 아닙니다. 그걸로 과일도 깎아 먹고, 요리도 하지요. 칼이 죽이는 게 아닙니다. 마음이 죽이는 것이지요. 그 마음을 다스리라는 것이, 영성과 영혼을 구제한다는 것이 기독교 아닙니까. 그러면 기독교인이 늘어날 때 살인 건수가 줄어야 하는데, 되레 늘어납니다. 기독교가 '기독교 짓'을 제대로 못했다는 말이지요."

7

지성에서 영성으로

* 『크리스천투데이』, 2017년 12월 31일~2018년 1월 2일 기사

2018년, 무술년戊戌年 새해가 밝았다. 『크리스천투데이』
는 신년을 맞아 이 시대 '지성'을 대표하는 이어령 박사를
최근 영인문학관에서 만나, 교회와 기독교, 성경 읽기, 부
쩍 다가온 인공지능AI 시대 등에 대해 대담을 나눴다.

세례 10년째인 이어령 박사는 지난 2015년 2월 본지와
의 대담을 통해 5년간의 양화진문화원 강연을 결산하고
'오늘의 기독교'에 대해 이야기한 바 있다. 3년여 만의 만
남에서, 이 박사는 '마지막'을 바라보고 있었다. 다음은 이
박사와의 일문일답.

세례 10년째? 문지방에서 서성거린 10년

— 지난 2017년이 세례받은 지 10년째였습니다.

"저에게 주님을 영접할 수 있게 한 딸 민아와 세례를 해주신 하용조 목사님이 모두 세상을 떠났습니다. 가까운 사람들로 치면, 저에게 그것은 잃어버린 10년이라고 할 수도 있습니다.

하지만 정말 서러운 것은 그러한 상실이 탐스러운 열매를 맺지 못한 10년이라는 데 있습니다. 딸도 목사님도 병고를 치르느라 힘이 들었고 거기에 남의 아픔까지 짊어지고 가시느라 힘든 이 속세의 삶에서 벗어난 것이, 그리고 주님 곁으로 가신 것이 큰 축복인데도 왜 눈물이 나오고 가슴이 터지는지⋯⋯. 역시 저에게는 신앙의 힘이 부족했던 문지방에서 서성거린 10년이었다고 봅니다.

그리고 급기야 제 자신의 차례가 되어 지금 투병 중이지요. 내 몸 가까운 곁에서 잠시도 떠나지 않고 함께 살아가고 있는 것이 바로 그 질병인 게지요. 그러나 나의 신앙이 조금만 두터워진다면 주님이 제 머리맡에 계실 겁니다."

— 신앙적으로 달라진 부분이 많은 한 해였을 것 같습
니다.

"역설적이지요. 죽음이 있기 때문에 생명이 있는 것이
지요. 만약 우리가 불사不死의 존재라면, 생명이란 것도 없
었을 것입니다. 어둠이 없다면 빛 또한 존재하지 않지요.
수술을 세 번이나 하고 내 바로 코끝에서 죽음의 발자국
소리가 들릴 때, 비로소 나는 '아! 내가 지금까지 살아 있
었구나' 하는 생각이 들면서, 모든 것이 새롭게 보였던 것
이지요.

십자가란 곧 죽음입니다. 형틀이고 그것에 매달리게 되
면 누구나 죽게 됩니다. 교회에 걸려 있는 무수한 십자가
의 상징은 바로 죽음 속에서 생명이 부활하는 주님의 모
습이었던 거지요. 그 십자가十字架는 바로 십자로十字路이
기도 합니다. 사방으로 뚫려 있는 교차점입니다.

하박국의 처절한 메시지. '무화과나무가 무성하지 못하
고 외양간에 소가 없을지라도……', 그럼에도 불구하고 주
님으로 향한 조건 없는 믿음과 열정 또 하나의 열병이 우
리를 구원해주는 것이지요."

한국에서만 통용되는 '왜곡된 종교' 있을 것

— 지난해 한국 교회는 종교개혁 5백 주년을 맞아 많은 기념행사가 있었습니다.

"저 개인에게는 '루터 다시보기'의 중요한 계기가 되었지요. 아주 사소한 일부터 말입니다. '내일 지구가 멸망하더라도 나는 한 그루의 사과나무를 심겠다'고 한 말이 우리나라에서만 스피노자의 것으로 알려져 있어요. 그러나 인터넷 검색을 해보면 알 수 있듯이, 가까운 이웃 일본만 해도 그 말을 한 사람은 마르틴 루터라고 되어 있지요. 그의 묘비명에도 뚜렷이 이 말이 새겨져 있어요. 아주 상징적인 오류이지요.

루터만이 아니라 한국에서만 통용되는 왜곡된 종교가 있을지 모릅니다. 잘못 알려진 루터, 개신교의 정신 등……. 사실 루터는 겁쟁이였지요. 애초부터 종교에는 관심이 없었고 대학에서 법을 전공하기 시작했을 무렵이었어요. 부모님을 만나고 학교로 돌아가는 길에 슈토테른하임 근처 벌판에서 난데없는 벼락을 만나게 됩니다. 그 바람에 혼비백산하여 목숨만 살려주면 수도사가 되겠다는 기도를 합니다.

　이렇게 시작한 그의 구도와 신앙의 삶이 엄청난 종교개
혁의 태풍의 눈이 되어 세계에 새 바람을 일으켰습니다.
그래서 종국에는 천둥벽력이 귓전을 때려도 놀라지 않는,
담대하고 흔들림 없는 믿음의 반석 위에서 5백 년의 세월
이 흘러도 불멸의 상으로 떠오르게 된 것이지요.

　그러나 루터의 힘에는 스물여섯 명의 '납병정(알파벳 활
자)'들이 있었다는 것을 잊어서는 안 됩니다. 종교개혁은
인쇄 혁명, 미디어의 혁명이기도 했지요. 사원의 대리석과
조각들을 성경의 문자들이 압도하였기에 가능한 것이었
지요. 동시에 당시에 일어났던 농민 혁명, 민중들의 정치
혁명도 일어났고요.

　인간 세상에는 혼자 힘으로 되는 일이 없어요. 그래서 인
간의 모든 혁명에는 변수가 생기고 애초의 초심대로 되지
않는 굴절이 생겨납니다. 오늘의 교회가 5백 년 전 개혁하
려던 당시와 같은 상황에 처해 있는 것도 그 때문이지요."

하나님, 스스로 있는 자…… 인간은 홀로 존재 못 해

— 인간 자신의 힘으로 초월할 수 없다는 건가요.

"이 세상 어느 곳에도 인간은 그리고 모든 생물은 혼자서 존재할 능력이 없어요. 외부의 아무런 영향도 의존도 없이 살 수 있는 존재가 있다면 말씀해보세요. 그것이 바로 하나님, 하나밖에 없는 유일자이고 절대자인 하나님이지요. 무신론자들이 그런 존재를 하나님이라고 부르지 않더라도 인정할 겁니다.

그것이 바로 모세가 하나님을 만나 그 이름을 물었을 때 '나는 내 자신으로 스스로 있는 자'라고 말씀하신 것이지요. 그것이 바로 '에고 에이미ego eimi(내가 있다)'입니다. 영어로 하면 'I AM'인 거죠. 구약에서도 하나님은 자신을 '여호와'라고 하시지 않고 '스스로 있는 자'라고 하셨습니다. 이게 하나님이라는 뜻입니다.

우주에 있는 모든 것은 서로 맞물려 존재합니다. 지구는 태양을, 태양은 은하계를……. 별들의 무덤인 블랙홀을 생각해보십시오. 만약 그런 우주를 벗어나 혼자서 존재할 수 있는 것이 있다면, 그런 우주의 질서를 만들어낸 창조자일 뿐입니다. 이것은 종교가 아니라 과학적 논리지요. 타자 없이 홀로 존재하는 자족적인 것.

　그래서 노자는 '인법지 지법천 천법도 도법자연人法地 地法天 天法道 道法自然'이라고 했어요. 사람은 땅을, 땅은 하늘을, 하늘은 도를, 도는 자연을 따른다는 말이지요. 문자 그대로 자연自然, 스스로 있는 것입니다. 놀랍지 않습니까. 자족自足, 오토포이에시스autopoiesis. 바렐라Varela 같은 생물학자가 내놓은 최신 이론으로 보면, 밖에서 인풋 input 없이도 무엇인가를 창조해낼 수 있는 것과 같지요.

　예수님께서 '내가 생명의 떡이라'고 하셨잖아요. 먹으면 죽는 빵이 아니라, 영원히 배고프지 않는 생명의 떡입니다. 광야에서 왜 돌을 빵으로 만들라는 말을 거부하고 하나님 말씀의 양식을 말했는가. 야곱의 우물에서 사마리아 여인을 만났을 때도 '영원히 목마르지 않는 샘물'을 말씀하십니다. 이곳에 존재하는 것은 열역학 엔트로피의 법칙에 의해 영구한 게 없습니다. 모두 소멸하지요."

성경은 '지상낙원'을 말하지 않았다

── 기독교만이 그 본질을 갖고 있군요. 하지만 오늘날 교회는 사회로부터 비난을 받고 있습니다.

"새롭다는 말을 함부로 써선 안 됩니다. 하늘 아래 새로운 게 없습니다. 제도를 고치고 고쳐봐도 새로운 제도가 생겨날 뿐입니다. 베드로가 반석 위에 교회를 세우는 순간, 옛날과 다를 것이 없는 종교라는 또 하나의 인간이 만든 제도가 생겨나는 것입니다. 그게 가능해지려면 마르크시스트들이 외친 '영구 혁명', 혁명을 해서 고치는 순간 또 혁명을 하는, 끝없는 그 길뿐입니다.

그래서 교회는 언제나 사회적 비난과 핍박과 비판 속에서 거듭났습니다. 하지만 더 이상 고칠 것이 없는 그런 교회는 일찍이 지상에 한 번도 나타난 적이 없었습니다. 그건 불가능합니다. 그게 가능하다면, 기독교의 메시지도 다 끝나는 것입니다. '개신改新'할 필요 없는 기독교가 이 지상에 이뤄졌다면, 그야말로 지상에 하늘나라를 만들어 세운 것이니까요.

성서에서 언제 이 지상에 낙원을 만든다고 했습니까?

늘 말씀드리지만, 오병이어가 기적이고 하늘의 뜻이라면 왜 예수님이 구름 떼처럼 모여든 군중을 보고 산으로 피신하셨겠습니까? 예수님께서 왜 돌멩이로 빵을 만들지 않으셨습니까? 군중이 예수님의 말씀을 들으러 온 게 아니라, 오병이어로 온 세상을 구원하는 사람을 예수로 잘못 보게 될 것이기 때문입니다.

빵이 중요하지 않다는 말이 아닙니다. 먹으면 죽는 빵이 아니라 그 이상의 영원한 생명의 빵을 주시려고 한 것이 아닙니까. 교회는 혁신되어야 하고 세상의 비난에 대해 귀를 기울여야 합니다. 그런데 더 중요한 것은 세속적 의미의 개신이 아니라, 기독교의 본질을 되찾는 개신에 소홀해서는 안 된다는 것이지요.

교회를 돌로 빵을 만들어주는 '빈자의 빵 공장'처럼 알고 있다면, 그것이 교회의 사명이라고 생각한다면, 오병이어의 기적을 주는 것이 교회라고 본다면, 구름 떼처럼 군중이 모여 오겠지만 그 교회에 예수님은 안 계십니다. 그것을 교회의 혁신이라고 생각하지 말라는 것이지요. 그 이상의 혁신이 필요하다는 겁니다."

지금 교회가 비판받는 건, '진짜'가 있기 때문

— 그것이 교회를 잘 다니시지 않는 이유라고 생각해도 되겠습니까.

"(10년 전) 세례받았을 때 하용조 목사님과 약속한 것을 솔직히 말씀드릴 때가 온 것 같습니다. 저는 교회에 나가 사역하는 일보다는 강연이나 글로 사역을 하겠다고 말입니다. 각자 자신의 능력을 통해서 봉사하고 경배하는 것입니다.

교회가 싫어서도 아닙니다. 요즘 교회의 유행어 '가나안 성도'가 아닙니다. 가나안을 거꾸로 읽으면 '안 나가', 교회를 안 나간다는 은어와는 상관이 없다는 말입니다(웃음).

그래도 갈 만한 곳은 교회밖에 없는 세상이 되어버렸습니다. 교회에 기대가 크기 때문에, 그만큼 교회에 대한 반감과 비난이 드세다고 봅니다. 물론 이름만 교회지 가짜도 많이 있을 것입니다. 하지만 가짜, '짝퉁'이 많다는 건 진짜가 있다는 증거입니다(웃음).

진짜가 없는데 가짜가 나와요? 가짜 교회가 많다는 건,

진짜 교회가 어디엔가 있다는 것이지요. 그래서 사기를 칠 수 있는 거예요. 진짜 다이아몬드 없이 어떻게 짝퉁 다이아를 만들겠어요? 가짜가 진짜를 욕할 순 없지요.

지금 교회가 비판받고 있는 것은 진짜가 있기 때문에, 역설적인 게 아닙니다. 한국 교회에 이만큼 많이 모이고 있는 것은 진짜가 있었다는 이야기지요. 모두 비난받을 교회만 있다면, 거길 왜 가겠습니까?

집까지 내부순환도로를 이용할 때가 많은데, 항상 출구에서 막혀요. 차들이 정체되니 줄 서야 나갈 수 있어요. 그런데 차선을 위반하고 끼어드는 차들이 있어요. 그럴 때 절망하다가도 '아, 그래도 손해 보는 줄 알면서도 법을 지키고 줄 서 기다리는 차들이 새치기하는 차들보다 많구나' 하고 생각하면 희망이 생겨요.

옛날 '통금'이 있었던 시절, 교회가 가난하고 신도들도 많지 않았을 시절, 크리스마스가 참 요란했지요. 곳곳 상점과 길거리에서는 캐럴이 울리고 크리스마스트리들이 하늘의 별보다 더 빛났지요. 믿지 않는 사람들이 술 마시고 통금 해제로 철야를 하며 자유롭게 밤의 축제를 즐겼어요.

통금 해제로 세속적인 향연이라 비난을 받았지만, 그것이 바로 진짜 크리스마스지요. 믿지 않은 사람들에게도 그게 탈선이라 해도 자유를 맛보게 하고, 하룻밤이라도 밤하늘을 보며 즐거움을 맛보게 한 선물. 사마리아 사람들에게도 사랑을 베푸셨던 예수님의 정신."

— 인공지능의 시대에 대해 이미 『디지로그』, 『생명이 자본이다』 같은 데서 예견한 글을 쓰셨는데, 그 시대의 기독교란 어떤 형태로 존재할까요.

"5백 년 전 옛날이나 지금이나, 사람 하는 짓은 똑같아요. 그래서 하나님도 똑같이 계시지요. 우리가 정말 달라져서 신처럼 인공지능을 만들 수 있다면, 하나님은 존재하시지 않겠지요.

그래서 저는 오히려 완벽한 것이란 없는 이 세상을 보고 '정말 우리가 선악과를 따 먹고 추방당했구나, 낙원이 있었구나' 거꾸로 아는 것이지요. 빛을 본 자만이 어둠을 알고, 죽음을 아는 자만이 생명을 알지요. 영원히 죽지 않는 사람이 있다면, 생명에 대해 알 수 있을까요?"

'가나안 성도'라는 말 들으니…… 아직 희망 있다

— 아까 말씀하셨듯 요즘 교회를 '안 나가는' 사람을 거꾸로 '가나안 성도'라고 합니다. 신앙인들도 교회는 나가지 않는 시대, 교회는 이 사회와 불신자들에게 무엇을 줄 수 있을까요.

"그 사람이야말로 가장 가능성이 많습니다. 뒤집어 읽을 줄 아는 사람이라면, 다시 뒤집어 읽으면 됩니다(웃음). 그게 바로 예수님 잡으러 다니다가 예수님 믿는 사람, 예수님을 부정하다 예수님을 믿게 되는 것입니다. 이미 알고 있는 사람입니다.

교회는 이미 아니까 안 나가는 것이지요. 다녔으니 알고 있겠지요. 그런 사람들은 「탕자, 돌아오다」처럼 반드시 돌아올 길이 있습니다. '가나안'이라고 뒤집는 사람들이 자꾸 나오면, 또 다시 뒤집으면 됩니다. 하지만 원래 안 나가던 사람은 뒤집으면 더 나빠질 수 있지요.

'안 나간다'는 것은 바로 하나님께서 주신 자유의지가 있는 사람입니다. 아버지·어머니가 믿으니까, 목사님이 믿으라고 하니까 교회 나가는 사람보다…… 스스로 박차

277

고 나온 사람 아닙니까.

「탕자, 돌아오다」의 형을 보십시오. 알지도 못하면서 아버지를 섬깁니다. 그러니 아버지가 탕자가 돌아올 때 뛰쳐나가는 게 싫었습니다. 돼지나 주는 야생 열매를 먹고 고생하던 사람이, 집으로 돌아오면 비로소 아버지가 잡아주는 양고기의 맛이 어떤 것인가를 알겠지요. 매일 양고기를 먹던 형이 알겠습니까? 다만 상속자로서 권위와 권리를 행사하기 위해 집에 남아 있던 것입니다.

그런데 둘째, 탕자는 아니었어요. 진리를 찾아 떠난 것이지요. '이 집 바깥에 아버지가 모르는, 우리가 모르는 뭔가가 있나보다', 그것이 구도求道입니다. 끝없이 도를 구하는 것이지요.

'가나안 성도'라는 말을 들으니, 한국 교회에 몇십 년 후에는 다시 르네상스가 오겠구나 싶습니다. 그렇게 뛰쳐나가십시오. 탕자는 반드시 돌아옵니다.

다만, 조건이 있습니다. 우리가 그때까지 이사 가지 말고 잘 살아야 합니다. 그렇지 않으면, 돌아가려야 돌아갈 수가 없지 않습니까(웃음)?"

절대자의 말씀, 불완전한 인간 언어로 다 못 옮겨

― 비록 '문지방'에 서 있다고 고백하시지만, 아예 문지방 바깥에 계셨던 과거와 비교해 성경 읽기에 있어 혹 달라진 점이 있으신지요(이어령 박사는 세례를 받은 후 '문지방을 넘어 열린 문으로 들어간 것'이 아니라, 여전히 '문지방 위에 서 있다'고 고백한 바 있다).

"변한 건 없어요. 하지만 예전에는 성경에 이러저러한 모순이 있어서 믿지 않았다면, 지금은 여전히 모순이 있기 때문에 거꾸로 믿는 거예요.

전에는 그랬지요. '일점일획도 못 고친다면서? 그런데 「마태복음」「마가복음」「누가복음」이 왜 다 다른가? 그럼 그중 어느 쪽은 틀린 것 아니야?' 이렇게 공박했다면, 지금은 틀린 걸 보니 이게 진짜라는 것이지요.

대개 범인犯人들이 말하는 걸 보면 정확합니다. 입을 맞추기 때문이지요. 하지만 진실이라면, 자신이 한 말조차 정확하지 않을 수 있습니다. 범인이 심문을 받는데, 피해자를 만난 시각을 정확히 기억한다? 꾸민 것이지요.

그러니 성서가 무오류이고 정말 이치에 닿는 소리만 나

279

와 있다면, 가짜입니다. 그런데 정말 진실하게, 아무것도 삭제하지 않고 고치지 않고 뒀다는 자체가 진짜라는 것이지요.

성서를 보면 삼척동자도 웃을 이야기들이 수두룩합니다. 하지만 하나님의 말씀이 인간의 말로 정확히 옮겨진다면, 그것이 진정 하나님의 말씀이겠습니까? 어떻게 절대자의 말이 불완전한 사람의 언어로 다 옮겨질 수 있겠습니까? 그럴 수 없습니다.

예수님도 말씀을 남기셨지만, 인간에게 번역된 말이 남은 것입니다. 그래서 예수님은 행위로 보여주셨지요. 그것이 바로 십자가입니다. 예수님의 일생을 통한 드라마, 행위는 '사건事件'입니다. 물건物件은 보이지만, 사건은 보이지 않습니다. 행위는 물건처럼 남지 않기에 이야기로 남거나 동영상으로 찍어놓을 수밖에 없습니다.

그렇다면 하나님 말씀, 예수님 말씀보다 더 신빙성 있고 믿어야 할 것은 무엇일까요? 우리나라 말 중에 번역 안 되는 게 얼마나 많아요? 프랑스에 있을 때, 병원에 갔는데 '배가 따끔따끔하고 욱신욱신하다'는 게 표현이 안 되는 거예요. 한국 의사 같으면 말만 해줘도 낫겠는데(웃음). 배가 쓰리다. 배가 쌀쌀 아프다. 배가 더부룩하고 묵직하다,

번역이 됩니까? 사람의 말도 다 번역이 안 되는데, 하나님 말씀을 어떻게 인간의 말로 옮기겠습니까?

예수님께서 '거듭나지 아니하면 하나님 나라를 볼 수 없다'고 하니, 니고데모가 '어떻게 거듭납니까? 두 번째 모태에 들어갈 수 있습니까?' 하고 묻지요. 그렇게 거듭난다는 이야기가 아니지 않습니까? 그래서 예수님께서 밤낮 '진실로 진실로 너희에게 이르노니'라고 답답해하시면서, 비유로만 말씀하셨습니다. 성서에 나오는 건 전부 비유예요."

— 그러면 성경을 어떻게 읽어야 할까요.

"하늘의 말과 지상의 말이 같을 수 없습니다. 번역 가운데 이상한 것들이 생겨난 것입니다. 저는 그러니 성서를 낱말의 부분으로 읽지 말고 전체적 행위의 언어로 읽자는 것입니다. 그러면 기가 막힙니다.

실제적인 이야기를 해봅시다. 제가 믿기 전에 가장 거부 반응을 가졌던 것이 '노아의 방주'입니다. 첫째, 배는 물이 들어오면 뜨기 마련인데, 왜 산꼭대기에서 만들라고 하셨을까요? 심술이라면 몰라도, 물 들어오면 알아서 뜨는데 말입니다.

둘째, 짐승 암수 두 마리씩 넣었다면서요? 그러면 암수 없는 단성 생물들은 어떻게 되는 겁니까? 그리고 초식 육식 동물을 다르게 만드셨는데, 두 마리씩 넣는다 해도 토끼와 늑대, 호랑이와 사자가 어떻게 같이 살 수 있겠습니까? 남극 북극에 사는 동물들이 어떻게 노아가 사는 곳의 동물들이랑 같이 들어갈 수 있습니까? 말이 안 되는 이야기입니다.

아무리 방주가 커도, 지금의 동물원처럼 분리해놓지 않으면 함께 살 수 없습니다. 초식동물에겐 지푸라기 넣는다 쳐도, 육식동물에게 고기를 넣어주려면 씨가 마를 거예요. 그리고 물고기는 생물 아니에요? 하늘 아래 생물은 전부 멸하겠다고 방주를 지으라고 하셨는데, 물고기는 방주에 넣으면 다 죽을 텐데.

성서를 문자 그대로 읽으면 안 걸리는 게 없어요. 그렇게 많은 비가 어디서 왔는지 물으면 '그때는 하늘의 물과 땅의 물이 다르고……', 육식동물 이야기하면 '옛날 육식동물들은 없었고 풀을 뜯어먹었다'고 합니다. 그 말을 곧이들어도, '풀은 하나님이 만드신 것 아닌가?'라고 비웃은 것이 중학생 시절 읽었던 성경이었지요.

제가 기호학을 했지만, 성서를 '메타언어(대상을 직접 서술

하는 언어 자체를 다시 언급하는 한 차원 높은 언어)'로 읽으면 노아의 방주는 '제2의 창조'를 하셨다는 말씀입니다. 먼저 만드시고 안 되니까 쓸어버리고 다시 새 질서(코스모스)를 세우신 것이지요.

제1창조 때는 첫째 날, 둘째 날, 셋째 날…… 하면서 시간을 만드신 것입니다. 그리고 노아의 방주, 제2창조는 공간을 만드신 것입니다. 노아의 방주는 생물들을 분류하여 칸막이를 해놓은 서랍장 같은 것입니다. 그러니까 처음에 우주의 시간을 만드셨다면, 이번에는 공간의 칸막이(분절)를 만드셨습니다. 너는 호랑이, 너는 사람 하면서 '분류'를 하셨습니다.

하나님은 '분류하시는' 분이십니다. 혼돈이란 분류되지 않은 거예요. 창조란 무질서했던 우주에 질서를 부여한 것입니다. 첫 창조가 시간적 질서, 노아의 방주는 공간적 질서, 이렇게 하면 이야기가 끝나는 거예요.

하나님께서 우주의 혼란 상태에 시간적 공간적 질서를 주심으로써 남자 여자, 하늘 땅, 유형 무형 등 모든 걸 만드신 것이지요. 그것이 '로고스logos'입니다. 태초에 말씀이 계셨다(요 1:1)고 하셨습니다. 태초에 물건이 있었던 게 아닙니다. 로고스, 즉 이성은 전부 차이를 만드는 것입니다.

차이를 나타내준다는 것이 어려운가요? 예전 전쟁 때 서울 종로가 다 폭격을 당했습니다. 그래서 종로가 없어졌나요? 아니지요. '종로'는 물질에 대한 것이 아니라, '을지로'와의 차이를 이르는 말입니다. 그게 물질도 에너지도 아닌 상징 즉 로고스의 언어입니다.

하나님을 자꾸 물건 만드시는 분으로 생각하지 마세요. 아담에게, 만드신 창조물에 이름을 지으라고 하신 분이십니다. 그렇게 해서 '서울'이 생긴 것이지, 빌딩을 계속 지어서 서울이 태어난 게 아닙니다.

로고스, 빛과 어둠을 갈라놓는 거예요. 물과 물을 갈라놓으셨지요? 두루뭉술한 을지로와 종로를 갈라놓으신 것입니다. 그런데 우리는 서울, 종로 하면 집만 보러 다닙니다(웃음)."

— 흥미로운 이야기입니다.

"물질과 정신도 간단합니다. 여기 아버지가 남기신 도끼가 있습니다. 그런데 도끼 자루가 다 썩어서 새 것으로 갈았어요. 완전히 다 바꼈지만, 여전히 우리는 뭐라고 합니까? '얘, 아버지 도끼 가져와' 하지 않아요?

유물론자와 유신론자가 자꾸 왜 싸워요? 무식해서 싸우는 거예요. 마르크스도 사실 유물론자가 아니라 유신론자입니다. 영국 도서관에서 책 보고 『자본론』을 쓴 것입니다. '정보'가 물질입니까?

오늘날 유신론과 무신론, 인공지능과 과학기술을 말하지만, 해당 분야에서는 '특별한' 일입니다. 하지만 전체적으로 볼 때는 오히려 따뜻한 가슴으로 공감하고, 사람이 다치면 울고 때리면 말리는 바보가 더 똑똑할 수 있습니다.

예전 군대에 특별한 계급인 '특무상사特務上士'가 있었습니다. 그것이 '특별'한 것 같지만, 장군은 '제너럴general(보편적, 일반적, 넓은)', 다 하는 것입니다. 하나님은 ('스페셜'이 아니라) '제너럴'입니다. 위대한 사람도 '제너럴'입니다. 뭐 하나밖에 모르는 사람(스페셜리스트)은 '제너럴'이 아닙니다.

제 성서 해석이 달라진 게 아닙니다. 동그란 구멍으로 바깥을 내다보면, 동그랗게밖에 안 보입니다. 성서는 넓은데, 우리는 '우물 안 개구리'처럼 자신의 프레임 안에서만 성서를 보기 때문입니다. 각자의 체험이나 지식만으로 하늘을 재단한다면, 하늘에게 잘못이 있는 게 아니라 그 프레임 속에 들어간 우리의 시선이 문제입니다.

저는 어렸을 때부터 목사님 골탕먹이느라 성경 속에서

설명 못 할 것들만 계속 따와서 질문했습니다. 왜 그런 말만 했을까요? '똑똑하다'는 이야기가 듣고 싶었거든요(웃음). '너는 특별한 신자다' 하는 사랑을 받고 제 존재를 드러내고 싶었지요. 그러니 저는 당시 성서의 잘못을 지적했다기보다, 성서의 잘못을 지적함으로써 제가 남들과 다르다는 것을 나타내려 했습니다.

이것이 기독교에서 말하는 '휴브리스 hubris(자만심, 오만)'입니다. 오만하게 잘난 체하는 것이 인간의 가장 큰 죄악이라는 것입니다. 남의 물건을 훔치는 것보다 오만, 자신이 신이 될 수 있다고 생각하는 것이 가장 큰 죄악입니다. 그 죄악을 범했다는 것이지요.

저는 요즘 성경 읽기가 너무 재미있습니다. 지금까지 읽히지 않던 것이 읽힙니다. 예수님께서 '하늘 나는 새와 땅에 핀 백합화를 보라, 거두지 않고도 먹고 길쌈하지 않고도 아름다운 옷을 만든다. 그런데 너희는 왜 먹을 것 입을 것 걱정하는가' 하셨습니다. 그런데 왜 주택 이야기는 안하셨을까요? 우리 같으면 '새도 둥지가 있지 않느냐'고도 했을 텐데 말입니다.

아, 역시 예수님은 '노마드 nomad(유목민)'셨구나. 사는 집은 별 문제가 없으셨던 것입니다. 그런데 우리는 농경민족이니 먹고 입는 게 없어도 집은 있어야 하지요. 저번에 어떤 분과 이 이야기를 했더니 '기독교 30년 믿고 왜 그 생각을 못했을까' 하셨지요.

읽다보면, 성서가 너무 재미있습니다. 주기도문의 기도에서 '일용할 양식'이 영어로는 '데일리 브레드Daily Bread'인데, 우리는 슬쩍 '양식'이라고 했지만 원래 '빵'이지요. 그러면 어떻게 번역해야 할까요? '매일 먹는 떡?' 떡은 어쩌다 한 번 먹는 것이라, 절대 안 되지요. 그러니 '웬 떡이야!'라고 하잖아요.

그래서 '사람이 떡으로만……'은 최악의 번역이지요. '밥만으로는 살 수 없다'고 해야 하지만, 사탄이 '돌'로 음식을 만들라고 했으니 밥보다는 빵으로 해야 하는 것이지요. 모래였다면 밥이 될 수 있겠지요. 이 구절은 도저히 번역이 안 되는 거예요."

―『의문은 지성을 낳고 믿음은 영성을 낳는다』머리말에서 '문학 비평가 시점으로 성경을 읽었기에, 종교적 해석과는 다른 점이 많았다'고 말씀하셨습니다.

"종교에서까지 '학學' 자를 붙이고 싶지 않습니다. 저는 신학자가 아닙니다. 기독교만은, 믿음만은 제가 믿는 거지, 남의 이야기를 믿는 게 아니잖아요? 제 머리로 읽고 생각한 성경, 주님이 중요한 것이지요. 그래서 개신교가 생겨난 것이지요. 신부나 교황이 권위로 해석한 게 아니라, 우리가 하나님과 대면해서 일대일로 해석해야지요.

물론 우리 사이에 매개하시는 분이 계십니다. 하지만 나를 대신해서 남이 해놓은 걸 다 믿어선 안 되지요. 그래서 신학神學의 '신'에서 '니은(ㄴ)' 받침을 뺀, 시학詩學적으로 성경을 읽었습니다. 거룩한 책, 성경聖經이 아닌 그저 텍스트로 보고서 읽은 것입니다. 시를 평론하듯, 글로써 선입견 없이 읽어보니, 재미난 이야기가 많이 나왔습니다.

성서聖書, 바이블Bible이라는 말이 원래 '종이, 책'이라는 뜻입니다. 특별히 성스럽다는 말이 없었어요. 그냥 책, 정확하게는 '종이로 만든 책'입니다. 처음 기독교 성경이 쓰여졌을 때는 '종교'라는 이름도 안 붙었고, 그저 유대교의 한 지류로 봤습니다.

종교와 믿음은 다른 것이거든요. '종교宗敎'란 이미 제도화된 것입니다. '종'이라는 글자도 불교에서 나왔습니다. 영어로 종교Religion라는 말은 '이어준다'는 뜻입니다. 하나님과 나의 끊어졌던 관계를 이어주는 것이지요. 원래 그 책 제목이 『빵만으로는 살 수 없다』였습니다. 한 기독교 방송에서 '내가 읽은 성서'에 대해 12회 동안 아나운서와 주고받은 이야기를 편집한 것이지요.

그런데 『빵만으로는 살 수 없다』는 많이 읽지 않더라고요. 빵만 구하는 사람들에게는 별로였을까요(웃음)? 그런데 이번에 제목을 바꾸니 또 많은 분들이 읽으세요. 물론 책 내용을 지금 쓰라고 하면 참고 문헌도 넣고 다르게 쓰겠지만, 오히려 진실한 목소리는 여기에 더 담겨 있으리라 보고 그대로 냈어요.

그 안에는 전통적인 신학자나 목회자들이 보시면 '이단'이라고 볼 수 있을 정도의 내용도 있을 수 있습니다. 원래 문학자가 기독교에 대해 쓰면 다 이단으로 걸렸어요(웃음). 톨스토이도 그렇고 릴케도 그랬고……. 예술가들이 뭘 쓰면 대부분 파문당하거나 판매 금지를 당하거나 기독교인 친구들이 떨어져 나가거나…… 이 책에도 아슬아슬한 대목이 참 많습니다."

— 항의하는 분은 없었습니까.

"우리나라 교회가 상당히 진보적인가봐요(웃음). 누구

하나 제게 말하는 사람이 없었어요. 저는 그게 이상했습니다. 완고한 교조주의처럼 '성경의 글자 하나도 못 고쳐' 하는 분들이 기독교의 전통을 지켜오는 것이거든요. 그래야 그것을 비판하고 '프로테스탄트(저항, 개신교)' 하는 건데.

제 해석을 비판하고 완고하게 나오는 교회나 신학자들이 있으면 좋겠습니다. 우리는 새로운 해석을 내놓으면 시대적으로 앞선 사람인 것처럼 생각하는 분들이 많은가봅니다. 그래서 저는 오히려 거꾸로, 그런 완고하고 고집불통인, 꼬장꼬장한 옛날 선비 같은 분들이 남아 있어서 제게 '이렇게 쓴 게 뭐요?'라고 해야 저항도 하고 새로운 해석도 재미가 있을 것입니다. 그런데 새로운 해석이든 옛날 그대로든 별 반응이 없어요. 그게 슬픕니다."

세속화 추구하다보면, 본질 다 잊히고 수단만 남아

— '종교인 과세' 문제처럼 최근 교회 내에도 '경제 논리'로 모든 것이 흘러갑니다. 낙태나 동성애, 페미니즘 같은 생명 문제도 결국 중심이 '경제적 관점'입니다. '신자유주의'인 세상과 교회 속에 '생명 자본주의'가 들어갈 틈이

보이질 않는데요.

"지엽적인 문제들이지요. 낙태 문제야 생명관觀에서 나왔지만, '생활生活'이라는 말 속에 생명이 있지요. 제가 말씀드리는 생명이란 다른 게 아니에요. 예수님의 말씀이나 생애에 대해 여러 해석이 있을 수 있고 신학적으로 찬반 논쟁을 할 수도 있지만, 한 가지 분명한 것은 이것입니다. 성경 속 예수님께서 자신에 대해 직접 정의한 말들은, '나는 길이요 진리요 생명이니라' 등 모두 길에 대한 이야기라는 것입니다.

추상적이든 구체적이든, 예루살렘까지 가는 그 길을 찾는 것입니다. 그 길로 찾은 것이 진리입니다. 도교의 도는 마지막에 자연이 나오지만, 기독교의 진리는 쭉 올라가다 보면 생명이 나타납니다. 생명에 관한 것을 직접 추구하는 것이 기독교입니다.

하지만 생활, 생명에 이르는 수단과 방법, 살기 위한 수단과 방법은 세속적입니다. '가이사의 것은 가이사에게 주라'고 하신 것은 타협하라는 이야기가 아닙니다. 물론 그 돈에 가이사의 초상이 그려져 있기도 하지만, 세금은 지상의 문제입니다. 지상의 것은 지상의 문제라는 말씀입니다.

당시 예수님께서 모든 것을 세속적 가치로 말씀하셨다면, 로마에 저항하고 유대인들의 해방을 추구하셨을 것입니다. 구체적인 이야기를 하다보면, 상대적으로 말려들어 갈 수밖에 없습니다. 세속화를 추구하다보면, 본질은 다 잊히고 수단, 즉 정치와 경제만 남습니다. 이건 예수님이 다시 오셔도 해결하실 수 없습니다.

도스토옙스키의 『카라마조프가의 형제들』에 나오는 대심문관 이야기를 아십니까? 이단자를 처벌하는데, 예수님이 구하러 오셨습니다. 그런데 심문관이 이야기합니다. '예수님 말씀대로 하면 이 지상에 교회란 존재할 수 없습니다. 난들 몰라서 이러는 줄 아십니까? 그래도 예수님처럼 안 해서 천년 가까이 이만큼 끌고 왔지 않습니까?'

예수님께서 그를 꾸짖으셨습니까? 끌어안고 위로해주시지요. '권위를 보여주고 무섭게 하니 아직까지 교회가 존재하지, 예수님처럼 이웃을 사랑하기만 했으면 아무것도 안 남았을 것입니다.' 그래도 위로하십니다.

이런 문제들은 하나의 행정이기 때문에, 저와는 먼 이야기라 말할 수 없습니다. 다만, 기독교는 어느 시대건 어디에서건 편안했던 적이 없습니다. 사랑받고 만세를 부르면서 환영받는 기독교인이란 없었습니다. 항상 외롭고 핍박

받고 오해받았습니다. 예수님도 '내 이름으로 너희들이 박해를 받을 것'이라고 하지 않았습니까?"

성도라면······ 편하게 지낼 생각은 하지 말아야

"기독교를 종교로 보지 않으면, 성경만큼 비극적이고 눈물 나는 책이 없습니다. 예수님을 생각해보세요. '산고의 아픔을 겪지 않고는 나를 다시 만날 수 없다(요 16:21)'고 하셨습니다. 가장 큰 슬픔과 아픔을 겪어야 한다는 것입니다. 그것을 '산고의 고통'에 비유하시다니, 정말 대단하신 분이에요.

저는 죽었다 깨도 그렇게 이야기하지 못했을 것입니다. 아이를 셋이나 낳았지만, 한 번도 아이를 낳는 것이 얼마나 고통스러운지 생각해본 적이 없습니다. 좋은 남편이 아니지요(웃음). 예수님은 대부분이 남자인 제자들 앞에서 '여자들이 애 낳을 때 얼마나 아픈지 아니? 그 아픔으로 생명을 얻는 거야. 그걸 치른 후에야 너와 내가 만나'라고 하셨습니다.

그렇기에 기독교를 믿고 교회를 세우는 순간, 하나의 선지자나 예언자로서 길 잃은 양 떼들 앞에 지팡이를 들고 나타났다면, 편하게 지낼 생각은 하지 마세요. 저도 편안하게 지내려 했으면 말년에 이 고생 안 합니다."

— 4차 산업혁명이 요즘 화두입니다.

"4차 산업혁명이라는 말 자체가 잘못됐습니다. 오늘날까지 정보 기술을 무기 만드는 데 써서 이렇게 되지 않았습니까? 드론으로 무인 폭격을 하면 아군 희생자가 없으니 마음 놓고 적진에 폭격하고 있잖아요. 로봇끼리 싸우면 사람이 안 죽으니까, 앞으로 한번 전쟁이 나면 끝도 없을 것입니다. 정보기술과 인공지능이 지나간 산업 시대, 자동차나 지나간 산업 기술에 응용되면서, 모든 시스템이 우월해지고, 물질은 커지고 자연은 파괴되고 있습니다. 끔찍한 세상이 되고 있는 것입니다.

산업주의의 연장을 위해 인공지능이 쓰여진다면, 4차 산업혁명이라는 말도 틀린 것은 아닙니다. 이제는 정보 기술이 자연 파괴에서 벗어나기 위해 생명 기술로 쓰여야지, 더 이상 산업 기술로 쓰여선 안 됩니다. 그래서 제가 『생명이 자본이다』를 쓴 것입니다.

산업사회는 공장, 물건을 만드는 것이었지요. 그렇다면 4차 산업혁명은 또다시 인공지능을 비즈니스로 생각해서 물건 만드는 사람이 연상되지요? 그러니 그 말은 오해를 불러올 수 있습니다. 하지만 '로봇 왓슨'처럼 인공지능을 의료에 사용하면 죽을 사람을 많이 고칠 것입니다. 물건을 만들고 돈을 버는 산업자본, 금융자본이 아니라, 그것이 생명자본입니다."

인공지능 시대, 교회가 희망 줄 수 있다

— 하지만 교회마저 신자유주의를 향해 달려가고 있어, 생명 자본주의가 들어갈 틈이 보이질 않습니다.

"제가 말하는 생명자본은 디지털과 아날로그가 하나 되는 것입니다. 구글에서 지금 자동차를 만들잖아요? 아마존에서 쇼핑센터를 만들었잖아요? 이런 '디지로그'를 제가 10년 전에 이야기한 것입니다. 이 기술을 산업자본에 쓰면 큰일 납니다. 생명자본에 써야 합니다. 병 고치는 왓슨처럼, 실제로 그렇게 하고 있습니다.

그리고 게임하는 것, 알파고가 바둑 게임을 하지 않습니까? 알파고가 바둑 둔다고 사람이 죽습니까? 재미있잖아요? 인공지능은 엔터테인먼트에도 사용될 수 있습니다. 교육에도 사용될 수 있습니다. 이제 구구단 외워서 뭐 하겠습니까? 인공지능을 이용하면 이제 아이큐가 별 문제 안 됩니다. 늘 말씀드렸습니다. 어린이부터 여자, 남자, 노인이 10층까지 올라갈 때, 계단이라면 차이가 있겠지만, 엘리베이터를 타면 똑같습니다. 수능? 인공지능이 다 찾아줍니다.

인공지능 시대에는 어떤 사람들이 존경을 받을까요? 다른 사람이 아플 때 같이 울어주고 사랑하는 사람, 또 재미있는 사람, 그리고 도와주는 사람입니다. 정말 존경받는 사람은 똑똑한 친구가 아니라, 가슴이 따뜻하고 이웃을 사랑하고 남을 위해 봉사할 줄 아는 사람이 될 것입니다.

그러니 이웃을 사랑하는 크리스천이 정말 존경을 받지 않겠습니까? 진짜 인공지능 시대가 된다면, '어느 학교 합격한 사람'이 아니라, '어느 교회 다니는 사람'이라고 하게 될 것입니다.

그런데 이것을 산업과 금융자본에 쓴다면, 주식회사는 다 망하게 됩니다. 인공지능이 다 계산해서 '여기에 투자하라'고 할 것 아닙니까? 사람이 아무 의미가 없어집니다. 기계가 시키는 대로 하는 것이 무슨 주식회사고 투자입니까.

특히 양자 컴퓨터가 생기면 인간이 천년 걸려 해결할 숫자를 눈 깜짝할 사이에 풀어냅니다. 이게 보편화되면 암호도 걸 수 없어요. 지금 네 자리 암호로 은행 업무를 보고 있는데, 어느 나라에서 어느 사이에 빼갔는지도 모릅니다. 그러면 3차대전 납니다.

말이라도 인공지능에 '산업'을 붙이지 맙시다. 공장에서 공해 만들고 자연 파괴하고 농약으로 생산성 높이려다 먹는 것들 다 저 모양으로 만들었는데, 인공지능으로 또 그렇게 하자는 건가요? 이제 불합리한 것은 인공지능이 풀고, 인간은 인공지능이 못하는 따뜻한 일들을 해야 합니다.

그런데 우리는 왜 길 잃은 양 한 마리를 버려두고 아흔아홉 마리에게 가고 있습니까? 하용조 목사님께 감사한 것은, 저 하나 기독교인을 만들기 위해 애써주셨기 때문입니다. 쇼하는 거 같아서, 한국에선 절대 세례받고 싶지 않았습니다. 신앙은 골방에서 하는 것인데, 왜 매스컴에 나가야 하냐고 했지요. 한국 아닌 객지 여관방에서 받고 싶다고 했습니다.

그런데 거꾸로 됐지요(웃음). 소문이 나서 일본 '러브 소

나타' 찾아왔던 기자들이 전부 모였어요. 일본인데 한국인들이 더 많이 왔습니다. '러브 소나타'에 5천 명이 왔는데, 그들을 버리고도 상처받은 한 마리 양을 구하려 하셨던 그 마음을 고맙게 생각하고, 그것이 딸과 저를 구제했습니다."

치료 안 하고, 암과 함께 지내고 있어

— 건강은 어떠신지요.

"알다시피, 저는 지금 (치료를 위해) 아무것도 안 하고 있습니다. 그냥 암과 함께 지내고 있습니다. 약도 안 먹어요. 왜? 제게 마지막으로 남은 것이, 죽음이 어떤 모습으로, 어떤 발자국 소리로 오는가 하는 것이기 때문입니다. 종교는 죽음에 관한 것 아닙니까? 백 마디 말해도 소용없습니다. 한 번밖에 없는 사건이 탄생과 죽음입니다.

종교만이 죽음을 이야기합니다. 죽음은 모든 것을 다 사라지게 하지요. 그러니 나의 종교는 이제 시작하는 것입니다. 맞닥뜨리는 것입니다. 우리 딸은 훌륭히 그걸 해냈지요. 암이 숨었을 정도로. 죽기 직전 한두 시간까지 말입니다. 암이 우리 딸을 정복하지 못했습니다. 죽음은 그의 신앙에 있어 하나의 에피소드에 지나지 않았습니다.

제 딸은 처참하게 마르고 끝까지 고사해서 처절하게 죽어가는 모습이 아니라, 하나님의 신부로서 빛나는 얼굴로서 있었습니다. 그것이 그의 마지막 얼굴이었어요. 암도 그의 사랑과 신앙을 부수지 못했습니다.

저도 닥쳐봐야 알지만, 초연하게 글 쓰고 할 것 다 하면서 마치 영원히 사는 것처럼 살고 있습니다. 제가 드릴 수 있는 말은 성경의 말이 아니라, '까마귀 죽으려 할 때 그 소리 슬프지 아니한가. 사람이 죽으려면 그 말이 착하지 아니한가' 하는 증자曾子의 말입니다.

죽음 앞에서는 누구도 거짓말을 하지 않습니다. 그래서 유언이 진실한 것입니다. 살아 있을 때부터 유언하듯 말했으면 얼마나 좋았을까요? 많은 거짓말을 했습니다. 하지만 죽음 앞에선 거짓말을 안 합니다. 지금 말하려는 것은, 죽음에 대한 유일한 해답이 되든 안 되든, 죽음에 대해 말하는 것은 종교뿐이라는 것입니다. 문학이 할 수 있나요, 경제가 하나요? 다 살아 있는 것을 이야기할 뿐입니다."

예수님, 죽으셨으니 부활…… 종교만 죽음 다뤄

"삶과 죽음은 맞닿은 동전 같은 것인데, 그걸 몰랐습니다. 죽음을 몰랐다는 것은 생명을 몰랐다는 것입니다. '나는 길이요 진리요 생명이라'는 말씀은 죽음이자 생명입니다. '죽을 수 있는 하나님'이셨습니다. '엘리 엘리 라마 사박다니' 하시지 않았습니까. 그래서 부활하신 것입니다.

우리는 부활이 없지만, 예수님을 따라가면 부활이 있는 것입니다. 육체를 따라 부활한다는 게 아니라, 내 삶이 다시 부활할 수 있다는 것이지요. 예수님도 다시 부활하셨을 때, 제자들이 알아보지 못했습니다. 예수님이시라고 하니, 그제야 베드로는 바다에서 뛰어나왔지요.

십자가에 못 박히고 부활하신 예수님, 성육신하신 인간으로서의 신이지만, 부활 후에는 신이면서 지상에 머무르셨습니다. 우리와 전혀 다른 삼위일체 하나님으로 말입니다.

그런 의미에서 죽음의 문제는 누구나 겪는 일입니다. 그러니 누구든 종교가 없을 순 없습니다. 죽어야 하는 존재이기 때문입니다. 그러니 죽음이 뭔지 알아야 하지 않습니까? 죽음은 종교에서만 다루고 있습니다."

창조는 기쁨····· 상품 만들고 기뻐하는 것은 탐욕

— 한 인터뷰에서 창조에 관해 말씀하시며 '창조에는 기쁨이 있다'고 하셨는데, 참 기독교적인 말씀이라는 생각이 들었습니다. 그런데 한국 기독교인들이 상대적으로 부족해 보이는 '창조성'을 키우려면 어떻게 해야 할까요.

"사람은 하나님을 닮게 만들어진, 이를테면 '짝퉁'입니다. 짝퉁은 진짜가 될 수 없지만, 그 비슷한 것으로 값어치가 있어요.

하나님을 닮아서 인간은 창조를 합니다. 만들어놓으시고, 그것을 보시며 기뻐하셨지요. 아, 거기 빛이 있고 어둠이 있고 거기 생명이 있고 무생물이 있고, 하시며 하나님이 기뻐하시듯, 창조의 기쁨은 우주적인 것입니다. 죽는 자, 모털mortal에게 유일한 즐거움이 있다면 그것은 하나님처럼 무엇인가를 만들어놓고 즐거워하는 것이겠지요.

그런데 상품은 창조가 아닙니다. 상품을 만들어놓고 기뻐하는 것은 탐욕이지요. 예술가가 하나님을 조금 닮은 것도 그 때문입니다. 예수님처럼 가난하고 야윈 존재, 그것이 이 지상에서 별 존재감이 없는 예술가들입니다. 물론

상품화한 예술품으로 만족하고 사는 사람도 있지만……."

30년 전 올림픽 개·폐회식…… 돈 안 받고 하는 일이 진짜 보람

— 30년 전 서울 하계올림픽을 준비하셨는데, 이제 평창
동계올림픽이 열립니다.

"그때는 지금과 달랐습니다. 생각해보세요. 6·25 전쟁
후, 죽음의 땅이었습니다. 폐허가 된 땅에서 엄마를 찾는
고아의 얼굴, 우리나라의 그런 사진들이 늘 퓰리처상을 받
았지요. 1970년대까지 그랬던 나라가 겨우 10년 지나서, 전
세계의 대축제를 개최합니다. 젊은이의 무덤이었던 곳, 가
망 없었던 땅에서 거꾸로 젊은이들의 축제가 열렸습니다.

전쟁은 젊은이들이 하지 않습니까. 평화란 젊은이가 노
인을 묻는 것이고, 전쟁이란 노인이 젊은이들을 묻는 것
입니다. 그런 전쟁을 겪었던 한국에서, 6·25를 겪은 사람
들이 올림픽에 참여한다는 감회가 어떠했겠습니까. 피난
을 떠나고 젊은이들이 서로를 죽였던 곳에서, 세계 젊은이
들이 환희하고 놀았습니다. 스포츠는 한마디로 노는 것 아

닙니까? 전쟁과 반대입니다. 공동묘지가 화원이 된 것입니다.

이런 곳에서 어떻게 제가 글 쓰는 사람, 대학교수로만 있을 수 있겠습니까? 그래서 막판에 들어갔습니다. 매일 회의를 하는데, 시간이 없으니 박세직 위원장을 옆에 놓고 글을 써서 바로 결제를 받았지요.

보수가 없었어요. 돈 받지 않고 하는 일이 최고의 일이잖아요. 보람된 일입니다. 모든 사람이 돈과 권력으로 움직이는데, 돈과 권력이라는 이해관계 없이 일하면 인형이 아니라 스스로 하는 것입니다. 신을 닮아, 자족하는 것입니다.

그때의 감동은 잊을 수 없는데, 지금도 어디고 제 이름이 없습니다. 올림픽 관련 자료나 서적에도 없지요. 뒤에 알려진 것입니다. 올림픽 끝나고 마지막 다큐멘터리까지 영사실 들어가서 전부 같이 편집했지요. 그건 제가 좋아서 한 것입니다. 노는데 몇십 억, 몇백 억을 주는 곳이 있겠습니까? 그냥 논 거예요(웃음).

이번 동계올림픽이 강원도 평창에서 열립니다. 그 유명한 송강 정철이 강원도관찰사로 가면서 상소문을 올린 게 있습니다. '이곳 강원도 땅은 낮이 짧고 밤이 길며, 여름은

짧고 겨울은 길어, 어떤 곡식도 되지 않으니, 백성들을 위해 세금을 면하게 하소서.'

감자밭이라 불리며 가장 못 살던 곳이 유일하게 겨울 올림픽을 열 수 있는 곳이 됐습니다. 정철은 한탄했지만, 겨울이 긴 곳이기 때문에 가능했던 것입니다. 이렇게 가난과 슬픔 속에 살던 곳이 동계 올림픽을 통해 관광지가 되어, 지옥이 천국 되는 기적의 땅이 됐습니다."

단 한 번도 기독교를 비판한 적이 없었다····· 그 이유는

— 마지막으로, 2018년을 살아갈 그리스도인들을 위한 덕담을 부탁드립니다.

"많은 분들이 평신도로서 기독교를 비판해달라고 했지만, 한마디도 한 적이 없습니다. 기독교를 비판하고 새로운 기독교를 말할 만한 자리에 있지도 않지만, 오늘날 기독교를 비판하는 사람들은 거꾸로 말해 '나는 그렇지 않다'고 오만하고 순수한 척하는 것이기 때문입니다.

제게 가장 중요한 말씀 중 하나가 '남의 눈 속 티끌을 보지 않고 내 눈 속의 들보를 보자'는 것입니다. 특히 유명 지도자라는 사람이 자기 눈의 들보를 놔두고, 마치 자신은 아니라는 것처럼 기독교를 비판함으로써 알리바이를 만드는 자는 되지 말자는 것입니다. 다 같은 죄인입니다. 만약 기독교가 비난받을 일이 있다면, 우리는 비난받는 이들과 함께 있는 것입니다. 내가 그렇지 않더라도 말입니다. 큰소리로 오늘날 기독교를 비판하는 많은 사람들이 사실 '논크리스천'이요 비난받아야 할 사람인지도 모르겠습니다.

그런 점에서 성서의 구절을 그저 액세서리처럼 보지 말고, 비판하기 전에 성서에 분명히 적힌 대로 '내 눈 안의 들보'를 봐야 합니다. 그것은 보지 않고, 그보다 작은 남의 것을 봐서야 되겠습니까. '가랑잎이 솔잎보고 바스락거린다'는 우리 속담도 있습니다. 속담은 거짓말 안 합니다.

기독교가 위기인 것은 사실입니다. 젊은이들이 떠나고, 많은 사람들이 교회를 떠납니다. 더구나 교회는 한 집 건너 식으로 늘면서 경쟁도 늘어갑니다.

기독교가 세계적으로 잘살게 되면 '다운down'되는데, 우리나라는 국민소득과 기독교의 융성이 같이 간 나라예요. 세계에서 아주 드문 나라입니다. 잘살면 떨어지게 돼 있습니다. 그러한 기적의 나라였는데, 그래서 오히려 거꾸로, 진짜 교인들이 있어서 기독교라고 하면 사람들도 오고 구제도 받으러 온다고 생각했는지, 사이비나 기독교 같지 않은 기독교가 많아진 것도 사실입니다.

그러나 내가 사이비일지도 모른다고 생각해야지, 나 아닌 것은 사이비고 자기는 진짜라고 생각한다면 성경을 안 읽어본 사람입니다.

그래서 금년 한 해는 남을 비판하기 전에, 기독교가 가장 어려운 고비에 봉착한 이 위기를, 스스로 넘어설 수 있는 작은 오솔길이 되고 기둥이 되는 한 해가 되어 기독교의 위기를 극복해줬으면 좋겠습니다.

위기는 사실입니다. 권면의 방법은 여러가지가 있고 여러가지 형편의 사람들이 있습니다. 우리 같은 사람들은 힘이 없지만, 기독교의 리더들이라면 서로 비방하고 비난하고 알리바이를 만들 것이 아니라, 같이 끌어안고 갈 수 있는 리더가 됐으면 하는 것이 제 소망입니다.

아직은 그래도, 믿는 사람이 믿지 않는 사람보다는 믿을 수 있는 사회예요. 믿었기 때문에 실망이 욕으로, 하나의 비난으로 쏟아지는 역작용을 일으킬 때가 옵니다. 그 직전입니다. 그러니까 이 위기를 잘 지내서 희망의 한 해가 됐

으면 좋겠다는 것이, 제가 부탁드리고 싶고, 제 자신에게
하고 싶은 말입니다."

이어령 대화록 2

당신, 크리스천 맞아?

초판 1쇄 인쇄 2023년 2월 6일
초판 1쇄 발행 2023년 2월 24일

지은이 이어령
펴낸이 정중모
펴낸곳 도서출판 열림원

출판등록 1980년 5월 19일(제406-2000-000204호)
주소 경기도 파주시 회동길 152
전화 031-955-0700
팩스 031-955-0661   페이스북 /yolimwon
홈페이지 www.yolimwon.com   트위터 @yolimwon
이메일 editor@yolimwon.com   인스타그램 @yolimwon

주간 김현정
책임편집 황우정   마케팅 홍보 김선규 최가인
편집 조혜영 최연서 이서영 김민지   온라인사업 서명희
디자인 강희철   제작 관리 윤준수 이원희 고은정

ⓒ 이어령, 2023

ISBN 979-11-7040-163-6 04100
      979-11-7040-073-8 (세트)